企业财税合规与智慧管理实战指南

柴英杰 ○ 著

中国铁道出版社有限公司
CHINA RAILWAY PUBLISHING HOUSE CO., LTD.

图书在版编目（CIP）数据

企业财税合规与智慧管理实战指南 / 柴英杰著. --
北京：中国铁道出版社有限公司，2025.7. -- ISBN
978-7-113-32288-5

Ⅰ. F279.23-62；F812.423-62

中国国家版本馆 CIP 数据核字第 20258RW990 号

书　　名：企业财税合规与智慧管理实战指南
QIYE CAISHUI HEGUI YU ZHIHUI GUANLI SHIZHAN ZHINAN

作　　者：柴英杰

| 责任编辑：杨　旭 | 编辑部电话：（010）51873274 | 电子邮箱：823401342@qq.com |

封面制作：宿　萌
责任校对：刘　畅
责任印制：赵星辰

出版发行：中国铁道出版社有限公司（100054，北京市西城区右安门西街 8 号）
网　　址：https://www.tdpress.com
印　　刷：天津嘉恒印务有限公司
版　　次：2025 年 7 月第 1 版　2025 年 7 月第 1 次印刷
开　　本：710 mm×1 000 mm　1/16　印张：13　字数：199 千
书　　号：ISBN 978-7-113-32288-5
定　　价：58.00 元

版权所有　侵权必究

凡购买铁道版图书，如有印制质量问题，请与本社读者服务部联系调换。电话：（010）51873174
打击盗版举报电话：（010）63549461

推荐序

在现今这个快速变化的时代,企业财税管理已不再仅仅局限于简单的财务记录和税务申报,它已经成为企业整体战略和运营不可或缺的一部分。在这样一个背景下,柴英杰老师的《企业财税合规与智慧管理实战指南》一书,无疑为我们提供了一份宝贵的资源,让我们在财税管理的道路上能够更加从容不迫、游刃有余。

柴英杰老师,作为财税领域的资深专家,她不仅在财税管理领域有着深厚的理论功底和丰富的实践经验,更在业财融合、管理会计等方面有着独到的见解和深入的研究。她深知,财税管理不是数字和报表的堆砌,而是企业战略和运营决策的重要支撑。因此,她一直致力于将财税管理融入企业的整体运营中,帮助企业实现价值的最大化。

在《企业财税合规与智慧管理实战指南》一书中,柴英杰老师将她的专业知识和实践经验进行了全面的梳理和总结,为我们呈现了一幅财税管理的全景图。她首先强调了企业财税合规的重要性,并详细阐述了如何确保企业在遵守法律法规的同时,实现财税管理的合规化、规范化。接着,她深入探讨了业财融合的理念和方法,将财税管理与企业的业务运营紧密结合,帮助企业实现资源的优化配置和效益的最大化。此外,她还介绍了管理会计在财税管理中的应用,通过数据分析和预测,为企业决策提供更加精准和有力的支持。

值得一提的是,柴英杰老师不仅关注财税管理的技术和方法,更关注企业家的思想和认知。她认为,只有企业家的思想和认知得到改变和提升,企业才能真正实现财税管理的变革和转型。因此,她在书中不仅传授了财税管理的知识和技能,更通过案例分析和经验分享,引导企业家们重新审视自己的管理理念和方法，激发他们的创新思维和行动力。

柴英杰老师还是一位优秀的财税讲师，她擅长用通俗易懂的语言和生动的案例，将复杂的财税知识讲解得深入浅出、易于理解。她的课程不仅受到了广大学员的热烈欢迎和好评，更为他们在实际工作中提供了有力的指导和支持。

《企业财税合规与智慧管理实战指南》不仅是一本财税管理的专业书籍，更是一本充满智慧和洞见的经典之作。它为我们揭示了财税管理的本质和规律，提供了实用的方法和策略，更引领我们走向一个更加智慧和高效的管理新时代。

正如管理大师彼得·德鲁克所说："管理是一种实践，其本质不在于'知'而在于'行'；其验证不在于逻辑，而在于成果；其唯一权威就是成就。"柴英杰老师的这本书，正是将理论与实践相结合，以实际成果为检验标准，为我们提供了一条实现财税管理变革和转型的清晰路径。我强烈推荐这本书给所有关注企业财税管理的朋友们，希望你们能够从中受益、实现成长。

张玉

2025 年 4 月 11 日

自　序

我撰写这本书的初衷源于我国税制改革的深入推进，这些税制改革对企业的影响越来越大，为了降低企业的税收成本和涉税风险，越来越多的企业开始关注业务、财务、法务与税务深度融合这一新的趋势。业财法税融合是一种智慧管理理念，它是在实现合法经营的基础上，利用财务手段、税收政策、法律工具等从规划、决策、组织、控制和评价等方面全面提升效率，降低成本，实现企业价值最大化的管理协同行为。这种融合反映了一种深层次的管理思维，实现了各类业务活动之间的内在贯通，从而形成企业全流程管控的闭环。

本书将从"业、财、法、税"四个维度出发，帮助财务管理者利用企业的合规性，协助企业家打造可持续发展的运营模式，并最终实现上市目标。

要实现这样的战略目标，必须建立起覆盖企业全生命周期的管理框架。本书通过以下四大核心模块构建了完整的合规管理体系。

一、把控企业业务循环，从合规视角设计企业的内部控制，确保企业在财务和税务方面遵守相关法律和准则。在企业管理过程中，如果把企业比喻成人体，那么内部控制就如同人体的内部系统，越健康才越充满活力，财务管理者在协助企业建立和优化内部控制体系时，应从销售与收款循环、采购与付款循环、生产与存货循环、货币资金循环等方面入手，增强其机能，提高系统免疫能力和抗风险的能力。

二、财务管理处于企业合规的中心地位，是企业的心脏，财务管理作用强大，它能促进资金源源不断地流动和增值。企业的财务管理者如果掌握了本书的管理精髓，就会使"心脏"功能越来越强大。强有力的财务管理会给企业带来巨大的财富，不仅能帮企业安全、持续地赚取收益，还能让企业在市场上更值钱。

预算先行，决策千里——全面预算管理是为数不多的几个能把企业的所有关键问题融合于一个体系之中的管理控制方法之一，也是业财法税融合最好的工具。

投资管理，行稳致远——财务管理者在投资管理中需要具备睿智的眼光和独到的判断力。在投资管理的漫漫征途中，有五座灯塔指引着企业安全前行：财务规划、资产配置、财务分析、财务决策和风险管理。它们共同助力企业在商海中稳健航行。

营运资金管理——是企业生存和发展的关键所在，也是企业赚钱的核心竞争力。

筹资管理——在人类思想的舞台上，货币与筹资问题无疑是展现聪明才智的最佳领域。巧妙安排筹资结构，不仅能为企业筹集到所需要的资金，更能优化资本成本。

成本管理——利润的跳板，压得越低，弹性越大，利润空间就越高。但把节约作为成本控制的唯一关键词就大错特错了，它是把钱花好的艺术，不是把钱花少的技术，洛克菲勒曾说："成本管理的成功，不仅仅是关注成本，更是关注价值。"

收益分配管理——在复杂的商业环境中，企业面临着众多利益相关者的诉求。只有厘清企业与各种相关利益者的关系，才能使企业在复杂的经济环境中立于不败之地。

企业三大报表的结构化分析——财务报表是企业经营活动的系统化记录，直接呈现数据与指标，反映业务实质与财务结果。表层数据仅是分析的起点，核心价值蕴含于数据间的勾稽关系与业务动因的深度解构。企业管理思维是分析的核心框架，通过战略导向与运营逻辑的双重视角，既能把握资产负债的结构性特征，也能透视现金流量与损益变动的驱动要素。财务报表作为系统性工具，记录经营轨迹，支撑决策依据，传递价值信号。精确解析报表数据的内在关联，可有效识别资源配置效率、评估风险敞口和预判盈利趋势。这种结构化分析能力，是构建企业财务竞争力的底层支撑，为战略调整与价值创造提供量化基准。

三、税务管理是提高企业竞争力的一把利刃，财务管理者要从源头上控制各类财务、税务风险，使得企业的经济业务更具有预判性。税务筹划就像是企业的"情感调节师"，它要求我们突破传统的思维定式，勇于创新，在股权设计、组织架构、商业模式和资本战略等多维度进行精心谋划，为企业量身定制个性化的税务筹划方案。唯有踏上创新之路才能走得更远。

四、法律是国家给企业打造的场域。在这个场域里，企业以财税合规为核心，放下原有的经验性判断和固有的思维框架，在符合税法规定的范围内，通过财务管理的加持，内部控制的保驾护航，法律的精准解读，聚焦创新的管理思维，从而激发企业的变革动力，达成合法降低税负的目标，真正实现有价值、有意义的企业合规。

本书适合创业者、投资者、企业管理者等人员阅读，其核心内容聚焦于合规与业财法税深度融合的精髓，致力于助力企业构筑健全的内部控制体系、优化营运资金管理策略，并提升盈利能力，为企业在激烈的市场竞争中脱颖而出提供有价值的参考与启示。

然而，由于作者认知水平有限，本书在编写过程中难免存在纰漏与不当之处。在此，诚挚邀请广大读者朋友不吝赐教，您的每一条建议都将被视为宝贵的学习机会，我将以此为契机，不断拓展自己的认知边界，提升专业素养，力求为读者呈现更加完善、准确的作品

柴英杰
2025 年 1 月 15 日

目　录

第一章　**企业合规与业财法税融合的新篇章 / 1**
　　第一节　税收政策：指引企业航向的明灯 / 1
　　第二节　业财法税融合：驱动企业腾飞的强劲引擎 / 5
　　第三节　财务部：守护合规之光，引领企业前行 / 11

第二章　**内部控制与业务循环的和谐共舞 / 15**
　　第一节　内部控制体系：蜕变中的稳健成长 / 15
　　第二节　销售与收款循环：节奏中的优雅舞步 / 20
　　第三节　采购与付款循环：严把成本关，筑牢企业基石 / 27
　　第四节　生产与存货循环：协同奏响企业和谐乐章 / 31
　　第五节　货币资金循环：守护企业"血液"，确保健康流动 / 38
　　第六节　舞动的红线：坚守法规，严防舞弊之风 / 43

第三章　**合同管理与风险管理的双重保障 / 48**
　　第一节　合同管理流程与核心要点 / 48
　　第二节　风险识别与评估：洞察合同潜在危机 / 52
　　第三节　合同履行监控：确保过程无虞，及时调整策略 / 57
　　第四节　纠纷处理与经验总结：智慧应对，积累经验 / 62

第四章　财务管理的核心力量与智慧策略 / 67

第一节　财务管理——企业战略的核心支柱 / 67

第二节　全面预算管理：精心筹划，确保资源最优配置 / 72

第三节　风险识别与应对：稳健前行，化险为夷 / 79

第五章　投资管理与稳健发展的双翼齐飞 / 84

第一节　投资决策：审慎选择，布局未来 / 84

第二节　财务规划：为投资管理提供坚实支撑 / 91

第三节　资产配置：智慧策略，平衡收益与风险 / 97

第四节　投资风险管理：严守防线，稳健成长 / 103

第六章　营运资金优化与盈利能力共进 / 107

第一节　营运资金：企业运营的"血液"与"灵魂" / 107

第二节　管理策略与技巧：精细运营，高效利用 / 111

第三节　盈利能力提升：持续创新，开拓增长新途径 / 119

第四节　风险防范行动：守护资金安全，保障稳健运营 / 123

第七章　筹资管理与企业价值的共同提升 / 128

第一节　筹资渠道与方式：多元选择，助力企业发展 / 128

第二节　筹资结构优化：平衡成本与风险，实现最优配置 / 134

第三节　筹资成本控制：精打细算，降低财务负担 / 138

第四节　企业价值评估与提升：挖掘潜力，实现持续增长 / 142

第八章 成本管理与价值创造的和谐共生 / 147

第一节 成本管理：企业盈利的关键所在 / 147

第二节 成本分析与控制：挖掘成本节约潜力 / 151

第三节 价值工程实践：实现成本优化与价值创造 / 155

第四节 战略结合：成本管理助力企业战略实施 / 159

第九章 企业财务报表的深入分析与解读 / 162

第一节 财务报表：透视企业经营状况的窗口 / 162

第二节 报表分析：挖掘数据背后的商业逻辑 / 167

第三节 财务指标与比率：量化评估企业绩效 / 172

第四节 信息解读与应用：指导决策，助力发展 / 177

第十章 税务管理与筹划策略的智慧运用 / 181

第一节 税务管理框架：构建合规高效的税务体系 / 181

第二节 税务筹划思路构建：合理规划，降低税收负担 / 184

第三节 具体方法与案例：针对不同税种制定筹划策略 / 187

第四节 风险识别与防范：确保税务合规，避免潜在风险 / 189

后　记 / 194

第一章　企业合规与业财法税融合的新篇章

在现在的企业商业环境中，企业合规与业财法税的融合已成为企业持续发展和竞争力提升的关键要素。这一融合不仅要求企业在日常运营中严格遵守法律法规，还强调将法律、财务、税务等专业知识与企业的实际业务紧密结合，以实现风险的最小化和价值的最大化。

企业合规作为确保企业行为合法合规的基础，涵盖了从内部管理制度的建立到外部法律法规的遵循等多个方面。它要求企业具备高度的法律意识和风险防控能力，能够在复杂多变的法律环境中保持稳健前行。同时，业财法税的融合则进一步强调了企业需要将法律、财务、税务等专业知识融入日常业务决策中，以实现资源的优化配置和风险的有效控制。

第一节　税收政策：指引企业航向的明灯

税收政策是国家运用税收手段对经济和社会进行宏观调控的重要工具。在企业发展过程中，税收政策不仅影响企业的税负水平，更关系到企业的竞争力、创新能力和可持续发展。因此，对诸多企业来说，深入理解并掌握税收政策是关键，其内涵与作用便是重要内容，如图 1-1 所示。

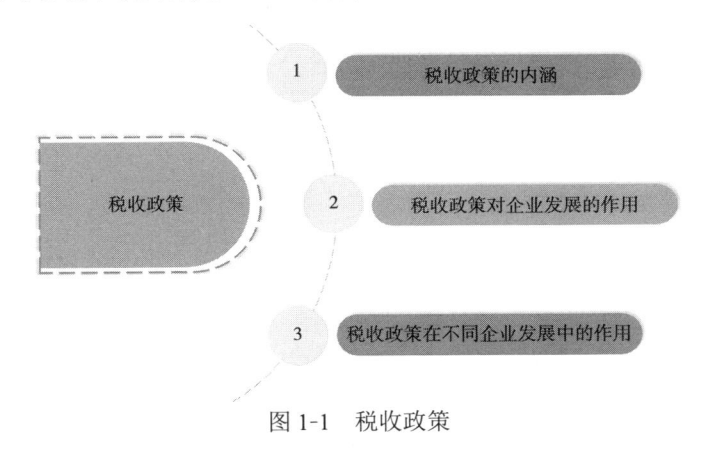

图 1-1　税收政策

一、税收政策的内涵

税收政策主要包括税收种类、税率、税收优惠及税收征管等方面的规定。制定这些规定的目的是平衡国家财政收入、调节经济运行、促进社会公平等多方面目标。针对企业运营发展而言，税收政策则会直接决定企业应缴纳的税款额度，随即影响到企业的盈利水平和资金流转等。

二、税收政策对企业发展的作用

对于企业发展而言，税收政策的作用其实是很明显的，因为正常情况下，税收政策能够督促企业加快发展。我们可以将税收政策对企业发展的作用归总为四方面，分别为关系企业的税负水平、引导与激励企业发展、提升企业的社会形象和成为重要的竞争工具。

1. 调节企业的税负水平

税收政策的制定与实施直接关系到企业的税负水平。合理的税收政策都是经过多次调整而来的，那么国家就可以通过合适的税收政策来有效调节企业的盈利水平，这样有利于帮助企业避免税负过重的情况出现。同时，就市场大环境来看，税收政策是可以根据多个行业、多个企业的各种情况而变化的，那么就可以逐步实现产业结构优化和区域协调发展。

2. 引导与激励企业发展

税收政策对企业发展具有引导和激励作用。通过具有针对性的税收优惠、税收减免等措施，国家可以有效地鼓励企业大力投入研发、实现技术创新、进行环境保护等。相关政策的合理实施，能够有力的激发企业提高积极性、增加创造力，进而推动产业升级与经济发展。

3. 提升企业的社会形象

税收政策还有助于调节社会收入分配，实现社会公平。通过在合理范围内调节收入政策，国家可以有效控制贫富差距，也能够减少诸多社会不平等现象的出现。受这样的税收政策影响，企业内部员工的收入分配变得合理后，企业的社会形象也就可以得到更多的关注与认可。

4. 成为重要的竞争工具

税收政策还是各国间诸多企业之间增加竞争力的重要工具。为了加快本土经济发展，很多国家都在寻求吸引外资、促进国际贸易的方法，其中，推出一系列税收优惠政策便是良好途径之一。横向比较之下，那些税收政策具有足够吸引力的国家，诸多企业的发展也更加容易获得投资与加入。

三、税收政策在不同企业发展中的作用

税收政策是国家调控经济运行、优化资源配置、实现社会公平的重要手段之一。在不同的企业发展阶段，税收政策发挥着不同的作用，我们将从不同角度进行深入的探讨、分析与理解。

1. 税收政策对高新技术企业与传统制造业的影响对比

对于高新技术企业而言，税收政策具备明显的扶持作用。高新技术企业作为经济发展的主力军，受到的外界关注很多，为了鼓励其进行科技创新与产业升级，政府可以制定具有针对性的税收优惠政策。比如对研发费用实行加计扣除、降低企业所得税率及提供增值税退税等，这些有效政策的实施，使得高新技术企业的税负大幅减少，让更多的资金流入研发与创新，从而推动企业的技术进步与产业升级。

> **案 例**
>
> 某高新技术企业 A，在政府税收政策的支持下，加大了对研发创新的投入，成功开发出一款具有竞争力的新产品，不仅提高了企业的市场占有率，还为企业带来了丰厚的利润。

相比之下，传统制造业在税收政策上面临的挑战就显得比较多一些。大部分的传统制造业属于劳动密集型产业或资源密集型产业，相对应的税负水平自然偏高，也就很难享受到税收优惠政策。如此这般，传统制造业的经济发展就会受阻，使得其转型升级和持续发展难度加大。

> **案例**
>
> 某传统制造业企业B，在面临激烈的市场竞争和较高的税负压力时，发展受限。尽管企业也在努力进行技术创新和产业升级，但由于缺乏针对性的税收政策支持，其转型步伐显得较为缓慢。

2. 税收政策在区域发展中的作用对比

东部沿海地区的很多企业经济发展都较为成熟，税收政策往往更侧重于引导和激励企业向高附加值、高技术含量的方向发展。此时，就可以通过提供税收减免、优惠贷款等政策措施，鼓励企业加大研发投入，推动产业结构优化升级。

> **案例**
>
> 东部某沿海企业C，在政府税收政策的引导下，成功实现了从传统制造业向高端制造业的转型，不仅提高了企业的盈利能力，还为区域经济发展作出了贡献。

对比之下，中西部内陆地区企业的经济发展还处于进阶状态，那么税收政策就更多地侧重于促进区域经济发展和产业协调发展。政府想要吸引企业投资兴业，推动内陆地区的经济发展，就可以通过税收减免、财政补贴等措施来实现。

> **案例**
>
> 中西部某内陆企业D，在政府税收政策的支持下，成功吸引了外资投入，加快了企业的技术升级和产业扩张，为内陆地区的经济发展注入了新的活力。

通过对比分析不同行业和地域企业的实际案例，我们可以清晰地看到税收政策在企业成长过程中发挥的重要作用。如果实施的税收政策足够合理，政府就能够充分激发企业的创新潜能，为产业升级和经济发展注入源源不断的动力；反之，若税收政策缺乏针对性和有效性，则可能成为企业运营发展的阻碍。因此，企业应站在正确的高度和角度，深入理解和把握税收政策，以充分发挥其积极的推动和助力作用。

第二节　业财法税融合：驱动企业腾飞的强劲引擎

业财法税融合，是将业务、财务、法务与税务等诸多活动巧妙地融合起来，使得企业可以在遵守法律法规的前提下，运用财务智慧、税收政策及法律工具，从规划布局、战略决策、组织架构等多个维度进行全面的提效降耗。企业之所以选择和认同业财法税融合，其目的是实现价值最大化，这也使得该理念逐渐成为不少企业"执念"的原因所在，为此，我们需要从以下方面进一步了解业财法税融合，如图1-2所示。

01 业财法税融合的重要性
02 业财法税融合的挑战与应对措施
03 业财法税融合的成功案例与启示
04 业财法税融合的趋势与方向
05 业财法税融合的深远影响
06 业财法税融合的展望

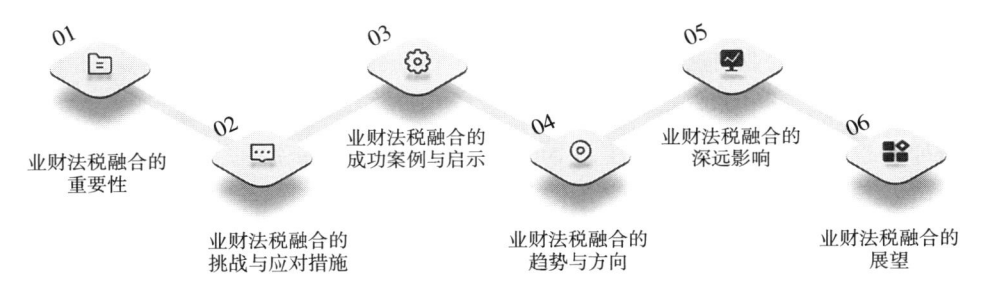

图 1-2　业财法税融合

一、业财法税融合的重要性

分析现在的市场竞争形势，我们不难看出业财法税融合逐渐成了企业提升竞争力和实现可持续发展的关键所在。

1. 业财法税融合的目标

业财法税融合能够帮助企业实现以下目标。

（1）提升管理效率，通过优化业务流程和降低运营成本，提高企业盈利能力。

（2）降低经营风险，通过加强法务和税务合规管理，避免可能出现的法律风险和税务问题。

（3）促进创新发展，通过跨界协同和资源整合，推动企业不断研发新产品、拓展新市场，实现可持续发展。

2. 业财法税融合的表现

业财法税融合对企业发展还具有明显的积极作用，主要表现在以下方面。

（1）增强企业竞争力，通过优化资源配置和提高管理效率，使企业在市场中更具竞争优势。

（2）提升企业品牌形象，通过加强法务和税务合规管理，展现企业的诚信经营和社会责任感。

（3）推动行业发展，通过业财法税融合的实践经验和成功案例，为整个行业提供有益的参考和借鉴。

总的来说，业财法税融合对企业运营与发展的作用是有目共睹的。如果企业想要做到不落于人后，就需要不断推进业财法税融合工作。此时，企业就应该加强和部门之间的沟通合作，不断地完善融合机制和流程，以此实现企业的快速发展与稳定运营。

二、业财法税融合的挑战与应对措施

任何一项工作的进展都不是一帆风顺的，企业的业财法税融合同样如此，难免会遇到更多的挑战与问题。然而，面对相关的问题，选择视而不见显然不是明智之举，此时企业就应该提出针对性的策略与建议，这样才能够更好地应对眼前及未来的挑战，从而促进相关工作的顺利进行。

1. 挑战

在业财法税融合的过程中，企业可能会遇到以下几方面的挑战。

（1）法律制度的差异和复杂性。处于不同的国家与地区，企业都需要深入的了解当地的法律制度，因为不同国家和地区的法律法规存在很大差异。面对这样的现实情况，企业相关负责人员需要在进行财务、税务和法务等操作时严格遵守所在地区的法律法规。

（2）企业内部流程的衔接与协同。企业想要将业财法税融合顺利地推行下去，需要打破之前存在的部门壁垒，实现各个部门之间的协同合作。事实上，实现部门之间的协同进化并非易事，因为各部门之间的职责与利益难免有差异，这使得彼此之间的沟通和协调容易产生困难。

（3）信息技术的支持和应用。业财法税融合需要大量的数据和信息支持，而这些数据和信息企业往往需要通过信息技术手段进行收集、分析和处理。那么，在推进业财法税融合工作的过程中，企业就需要重视对信息技术的支持与应用。

2.应对措施

面对诸多的挑战，企业需要制定相对应的处理方式。通过分析与了解，企业可以尝试采取以下应对策略和建议。

（1）加强法律风险的防范和应对。业财法税融合是一项十分严谨的工作，必须在合理的法律规则之内进行，企业应当建立完善的法律风险管理制度，确保企业经营在业财法税融合过程中的合规性。

（2）优化内部流程以强化协同合作。业财法税融合工作的落实离不开企业内部各部门的联合努力，企业应当建立跨部门协作机制，加强各部门的沟通和协调，确保各部门在业财法税融合过程中能够形成合力。

（3）加强信息技术的建设和应用。业财法税融合过程离不开先进信息技术的加持与助力，企业应当积极引进大数据、人工智能等技术，提高数据处理和信息分析的能力，为业财法税融合提供有力的技术支撑。

（4）保持持续创新和改进的态度。业财法税融合是一个不断发展和完善的过程，企业需要不断关注市场和技术的变化，及时调整和优化自身的融合策略，以适应不断变化的市场环境。

三、业财法税融合的成功案例与启示

近些年，业财法税融合这一概念逐步融入企业经营管理之中，对于其为何能够取得成功，有很多人可能会有些疑惑。我们可以通过具体的成功案例来剖析业财法税融合的成功原因与经验，并探讨这些案例对广大企业的启示与借鉴意义。

案 例

　　某企业因为重视实施业财法税一体化管理，成功地将财务管理、法务管理、税务管理等关键环节融为一体，实现了信息的实时共享与协同。在此过程中，该企业注重跨部门间的沟通与协作，建立了一套高效的信息共享与决策支持系统。这种模式的优势在于，能够快速响应市场变化，降低运营风险，提升企业的经济效益。

　　那么，这家企业能够取得成功的秘诀究竟是什么呢？

　　首先，该企业高层对业财法税融合理念的高度重视与积极推动是成功的关键一步。他们深刻认识到，如果不能实现各部门间的协同与融合，会很难应对日益激烈的市场竞争。因此，他们不仅在战略层面制定了明确的规划，还在组织结构上进行了调整，以确保各部门能够无缝对接和高效协作。

　　其次，该企业注重人才的引进与培养，选择组建一支既懂财务、又懂法务和税务的复合型人才队伍。这些人才在实际工作中充分发挥自身优势，成为企业稳健发展的重要助力。企业不仅通过内部培训提升员工的综合能力，还通过外部招聘引入具有丰富经验的专业人士，确保团队的专业性和多样性。

　　此外，该企业还充分利用了现代信息技术手段，构建了一套高效的信息管理系统。此系统能够将各部门的业务数据进行整合与分析，为企业高层提供全面的决策支持。同时，企业还加强了对外部环境的关注，及时调整经营策略，以适应市场变化。通过实时监控市场动态和政策变化，企业迅速作出反应，调整业务方向和经营策略，从而在竞争中保持优势。

　　最后，该企业还建立了完善的内部激励机制和绩效考核体系，确保每个部门和员工都能够积极参与到业财法税一体化管理中来。通过明确的目标设定和奖励机制，激发员工的积极性和创造力，推动企业整体业绩的提升。

通过对这家企业成功案例的分析，我们可以总结出以下启示。

1. 高度重视经营理念的创新与转变

企业只有充分认识到融合的重要性，才能从源头上推动各项工作的顺利开展，进而实现业财法税融合。

2. 注重人才的培养与引进

业财法税融合涉及多个领域的知识与技能，为此，企业就需要组建一支素质全面的人才队伍。企业可通过外部招聘和内部培训等多种方式来提升员工的综合能力。

3. 利用现代信息技术手段提高信息化水平

业财法税融合需要有正确策略的推动，企业可以通过构建高效的信息管理系统，实现信息的实时共享与协同，进而提高决策效率与准确性。

4. 关注外部环境的变化以灵活调整经营策略

市场竞争越发激烈，企业如果想要稳定业财法税融合工作，就需要提高自身的市场洞察力与应变能力。

四、业财法税融合的趋势与方向

以现状预见未来，业财法税融合至关重要。未来，它将更加深入地渗透到企业的各个领域，为企业带来更便捷、高效的运营模式。

就目前情况来说，可以猜测未来业财法税融合将呈现以下发展趋势和方向。

1. 智能化与自动化

人工智能、大数据等技术的大力发展，使得未来业财法税融合将更加依赖智能化、自动化的解决方案，以实现高效、准确的财务、税务和法务管理。

2. 云端化与数据共享

云端技术更加完善，可以被应用的范围就越广，它将推动业财法税信息的共享与协作，从而提高企业间的互联互通。

3. 法规遵从与风险管理

尽管法规环境在不断变化，但是其严谨程度只会只增不减，未来业财法税融合将更加注重法规遵从和风险管理。根据不断改变和完善的法规法制，企业需要结合内外部实情建立完善的法规遵从体系，以此降低业财法税融合工作的潜在风险。

五、业财法税融合的深远影响

未来业财法税融合的发展趋势可能会对企业的运营和管理产生深远影响，大致可以表现在以下方面。

1. 提高运营效率

因智能化、自动化解决方案的存在，使得企业能够减少诸多不必要的重复工作，不仅能够降低人力成本，还可以提高日常的运营效率。同时，数据共享与工作协同也更加简单、迅速，从而提高了企业员工沟通与合作的灵活度。

2. 强化风险管控

企业内部风险主要包括运营风险与法规风险，业财法税融合可促进多个部门的协同配合，可以帮助企业更加精准的识别和评估日常运用中的风险。另外，未来企业的法规遵从体系会不断完善，可以提高企业的法规认知意识，从而避免潜在的法规风险。

3. 优化决策支持

在未来，企业对业财法税数据的挖掘与分析会更加深入，进而可以进行更加全面的业务洞悉与趋势预测。有更多关键且精准数据支撑，企业在工作布局时应用的决策方案就能够更加有效果。

六、业财法税融合的展望

面对未来业财法税融合的发展趋势，企业理应积极把握机遇，应对挑战，因此，企业应关注以下方面。

1. 把握技术创新机遇

紧跟时代的步伐，才能避免落后。在推动业财法税融合工作的过程中，企业应该积极地掌握新技术，包括人工智能、大数据、云计算等。通过不断完善技术，企业才可以充实实力，为日后的高效运营提供底气。

2. 加强人才培养与引进

业财法税融合需要将多项工作协同完成，此时，具备跨领域知识和技能的复合型人才就成为急需资源。为了壮大内部的人才队伍，企业需要加强对现有人员的培养、对优秀人才的吸引，旨在建立一支具备综合素质和专业能力的人才团队。

3. 建立良好的合作关系

在业财法税融合的过程中，企业需要与税务、法律、咨询等相关机构建立良好的合作关系，共同推动业财法税融合的进程。通过建立良好的合作，企业可以获取更专业的指导和支持，从而降低融合过程中的风险。

第三节　财务部：守护合规之光，引领企业前行

在当前国家改革的大背景下，企业财务部门的管理者必须敏锐地洞察时局，灵活应对，因为这不仅关系到部门自身的发展，更是决定企业命运的关键所在。作为财务部负责人员，需要有大局观，意识到业财法税融合理念在未来发展的关键性，保证企业能够在时代浪潮中不落于人后。与此同时，企业理应意识到财务部的重要作用，并重视对财务部的人才培养与团队建设。

一、财务部在企业合规与业财法税融合中的重要作用

企业合规是指企业必须在遵守国家法律法规、行业标准和社会道德规范的基础上，进行一切合法法规的经营活动。而业财法税融合恰好是将企业的业务、财务、法务和税务紧密的结合起来，形成集体性的管理模式。在两者关联性如此明显的情况下，企业财务部的作用就愈发明显，它不仅要负责原本的财务管理与会计核算工作，还需要在合规经营与业财法税融合中承担工作。

1. 确保企业的财务活动符合法律法规的要求

企业的业财法税融合工作需要严格遵守会计准则、财务报表编制规范等相关法规，同时也包括及时缴纳税款、遵循税务政策等。财务部人员拥有能够胜任岗位的专业知识与实操技能，这使得他们能够正确的把控与财务相关的法律

法规，进而保证企业经营活动的合法合规。

2. 需要与法务部门紧密合作以应对企业面临的法律风险

企业的多项工作都离不开法务部的身影，比如在合同签订、并购重组、项目投资等工作环节中，法务部的负责人员都需要秉持认真的态度配合各部门的业务完成。企业法务部的存在，一方面可以助力多项工作的快速完成，另一方面也可以评估与预测可能的风险，确保企业利益的最大化。

3. 在业财法税融合中进行协调

作为促进业财法税融合工作中关键的成员，企业财务部需要保持与业务部门的密切沟通，在了解业务进展的同时可以根据实时情况给予可行性运营策略。并且，财务部也需要与税务部门建立联系，了解不断更新的税收政策，以便更加及时地调整企业的税务筹划与申报工作。

4. 推动企业数字化转型

随着信息技术的不断发展，数字化已经成为企业管理的必然趋势。"居必择乡，游必就士"，处于这样的环境之下，企业财务部就需要适当地借助先进的信息技术手段，实现运营管理效率的提升。当数字化转型成为企业运营的关键手段，财务部就还可以实现与多个部门的数据互通与共享，进一步推动各项任务的处理与完善。

> **案 例**
>
> 某企业作为一家全球性的信息与通信技术解决方案提供商，其在合规与业财法税融合方面的实践具有显著的行业示范效应。该企业财务部在运营中扮演着至关重要的角色，不仅在财务管理上发挥核心作用，还在推动企业合规与业财法税融合方面取得了显著成效。
>
> 1. 确保财务活动的合规性
>
> 企业财务部严格遵守国家及国际财务和税务法规，确保企业的财务报告真实、准确、完整。该企业不仅在国内设立了完善的财务和税务管理体系，还在全球范围内根据不同国家的法律法规，制定了相应

的财务和税务策略，确保了企业的全球运营均符合法律法规要求。

2. 与法务部门的紧密合作

企业财务部与法务部门建立了紧密的合作关系。在重大项目投资、并购重组等关键业务领域，财务部积极参与合同审查，对合同中的财务条款进行细致分析，确保合同条款符合公司利益，并遵守相关法律法规。同时，在应对法律风险方面，财务部和法务部门共同制定风险应对策略，有效降低了企业的法律风险。

3. 业财法税的融合实践

企业财务部致力于推动业财法税的深度融合。通过与业务部门的紧密沟通，财务部深入了解业务需求，为业务部门提供了有力的财务支持。在产品开发、市场推广、客户服务等各个环节，财务部都积极参与，提供财务分析报告和建议，帮助业务部门作出更明智的决策。同时，财务部还与税务部门保持密切沟通，及时了解最新的税收政策，为企业合理降低税负提供建议。

4. 数字化转型推动合规与融合

财务部积极推动企业的数字化转型，利用大数据、云计算等先进技术手段优化财务管理流程。通过建设财务共享服务中心、实现财务数据的自动化处理和分析，财务部提高了工作效率和质量。此外，数字化转型还使得财务部能够更加便捷地与法务、税务等其他部门进行数据共享和互通，进一步提升了企业合规与业财法税融合的水平和效果。

分析上述案例可以总结出一个关键信息：财务部在其企业合规与业财法税融合中发挥的作用十分明显。财务部的主要工作包括确保财务活动合规、与法务部门加强合作、推动业财法税融合及企业数字化转型。

二、财务部的人才培养与团队建设

在企业的日常管理中，财务部门负责着诸多重要的任务，包括企业的财务规划、资金管理、成本控制及风险防控等。因此，选拔和培养优秀的财务人才、建立高效工作的财务团队，成为很多企业必须要重视的一项任务。

1. 财务部所需人才的类型与特点

财务部门需要的人才理应是"既要又要"，他们既要掌握扎实的财务理论知识，又要拥有丰富的实践经验。财务部门要做到思想与行动上同时优秀，思想上他们需要熟悉国家财经法规、企业会计准则等；行动上他们应该准确分析财务数据、保持与其他部门的良好协作等。

2. 财务部所需人才的培训

人才的培养与选拔，更多的时候比较讲究策略。在人才培养方面，企业可以通过内部培训与外部借鉴等方式，在员工原有能力的基础上帮助他们提升自我；在人才选拔方面，企业则可以通过校园、社会等多种渠道来招聘人才，让更多优秀的人才成为企业发展的一份助力。

关于人才培养，企业可以组织财务知识培训、财务案例分析活动等，也可以为员工提供外部知识讲座分享、有效财务经历解析等。就人才选拔而言，企业则应该注重应聘者的综合素质与个人潜力，毕竟能力不代表人品，眼前的能力也不证明未来的能力。

3. 财务部的团队建设

一个高效的财务团队应该具备明确的分工和职责，每个成员都能够充分发挥自己的专长和优势。同时，团队成员之间应保持良好的沟通和协作关系，大家理应做到及时分享信息、交流想法、解决问题等。如果有一个良好财务团队存在，企业就可以通过制定明确的团队目标、建立有效的沟通机制、营造积极向上的团队氛围等方式，来促进财务工作过程中员工间的协作和效率。

与此同时，在打造高效协作的财务团队的过程中，企业还可以借鉴一些先进的管理理念和方法。比如，想要激励团队成员更加积极地投入工作，可以采用目标管理、绩效管理等方式；为了方便团队成员之间分享经验与知识，可以选择建立知识共享平台；若想增强团队的凝聚力与向心力，便可以开展团队建设活动。

第二章　内部控制与业务循环的和谐共舞

企业中，内部控制体系被视为企业稳健发展的基石。它不仅关乎企业的财务健康，更直接影响到企业的战略执行和市场竞争能力。内部控制体系的构建，旨在确保企业运营的效率、财务报告的准确性和法律法规的遵循性。

在业务循环中，内部控制体系如同一双无形的手，默默推动着各项业务流程的顺畅运行。从采购到销售，从资金管理到风险管理，内部控制体系在每一个环节都发挥着关键作用。它通过对业务流程的梳理和优化，帮助企业识别潜在的风险点，制定有效的控制措施，从而确保业务的合规性和高效性。

第一节　内部控制体系：蜕变中的稳健成长

企业想要实现持续稳健的发展，不仅需要关注外部环境，也需要重视内部的控制工作，所以内部控制体系对任何企业来说都应该是不可忽视的关键因素。健全的内部控制体系的存在，可以为企业各个层面都提供支持和保障，为后续的可持续发展奠定坚实的基础。近些年来，内部控制体系不断地经历着蜕变与优化，同时也需要应对更多的挑战、满足更多的需求。

一、构建内部控制体系

案例

内部控制体系建设咨询服务案例分析

某上市公司以饮品生产和销售为主营业务，始终致力于完善内部控制机制，以强化经营管理效能。2022年，该公司紧密跟随《企业内部控制基本规范》及其配套指引，结合公司实际经营情况，精心编制了《企业内部控制手册》，并于2023年1月1日正式实施。为确保内部控制体系的实效性，公司特邀我咨询团队对其内部控制进行深度评价。

2023年7月，我们成立了专业的内部控制评价项目组，全面检查并评价了该公司的内部控制设计与运行情况。评价过程中，我们发现了一些关键问题并提出了相应建议：

首先，在内部环境要素方面，尽管公司制定了《员工行为手册》，但在企业文化建设和实施效果的证明方面尚显不足。我们建议公司留存与企业文化建设相关的文档记录，以及领导在董事会上对内部控制工作的报告和批示，以彰显公司领导对企业文化建设的高度重视。

其次，在风险评估程序方面，我们抽查了公司的大额支出情况。结果显示，公司在支付大额资金时既未遵循既定的审批流程，也未通过正规渠道进行捐助，且未取得相应票据。同时，公司未对赞助和捐助事项进行风险识别、分析和应对，显示出风险评估机制存在明显缺陷。针对这一问题，我们建议公司立即整改，完善风险评估程序，确保资金使用的合规性和有效性。

同时，在控制活动方面，我们通过检查、询问、重新执行等方法，对公司业务层面的控制活动进行了深入测试。我们发现，《企业内部控制手册》在资金投放、筹集、物资采购、资产管理及商品销售等多个环节均存在内部控制设计缺陷。特别是在资金投放和筹集环节，公司应建立集体决策和联签制度，并严格控制特别授权的范围，以确保资金的安全和高效使用。

此外，在物资采购环节，我们注意到公司存在过度采购的风险。为防范此类风险，我们建议公司建立采购与付款循环机制，并严格遵照执行。同样，在商品销售环节，我们发现公司存在销售和收款职责未分离的问题。为此，我们建议公司设立补偿性控制措施，并加强内部审计力度，确保销售和收款流程的合规性。

采购与付款循环主要业务流程：请购→订货→验收→付款，同

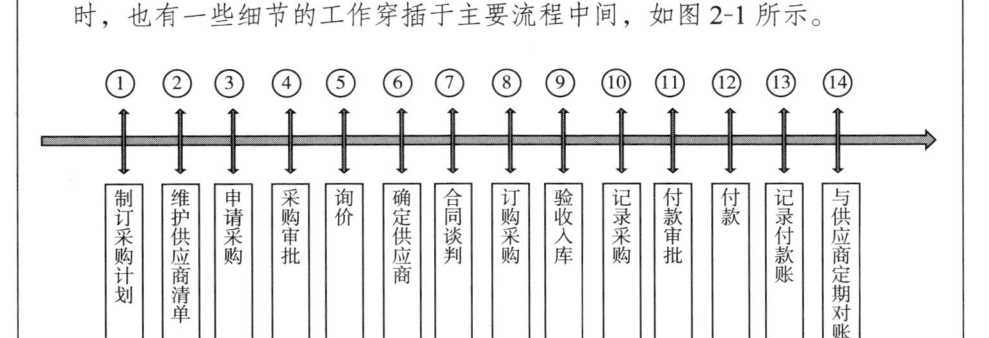

时，也有一些细节的工作穿插于主要流程中间，如图 2-1 所示。

图 2-1 采购与付款循环主要业务流程

流程节点：①制订采购计划 ②维护供应商清单 ③申请采购 ④采购审批 ⑤询价 ⑥确定供应商 ⑦合同谈判 ⑧订购采购 ⑨验收入库 ⑩记录采购 ⑪付款审批 ⑫付款 ⑬记录付款账 ⑭与供应商定期对账

销售业务从接受客户订购单开始，经过信用部门赊销审批、发货、装运、开票、记账、收款等过程，如图 2-2 所示。

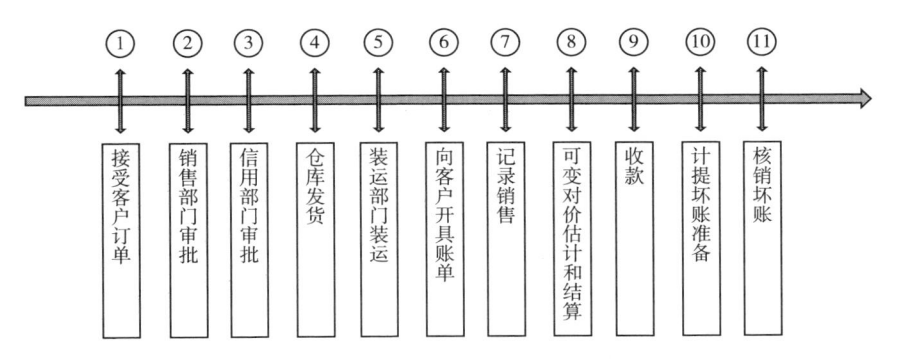

图 2-2 销售部门接受订单业务流程

流程节点：①接受客户订单 ②销售部门审批 ③信用部门审批 ④仓库发货 ⑤装运部门装运 ⑥向客户开具账单 ⑦记录销售 ⑧可变对价估计和结算 ⑨收款 ⑩计提坏账准备 ⑪核销坏账

在信息与沟通方面，我们发现公司所有风险信息均经由总经理向董事会汇报，这可能导致高管层凌驾于控制之上，从而影响内部控制和重大风险评价机制的实效。根据《企业内部控制基本规范》的要求，我们建议公司授权风险管理部门直接向董事会及其审计委员会报告重大风险信息，以确保信息的及时、准确传递和有效应对。

最后，在内部监督方面，当前公司的内控监督管理职责主要由内控审计处承担，然而，这种设置可能缺乏足够的独立性。为了确保

> 内控监督的公正与高效，建议在审计委员会下增设内部控制评价工作组，由其专门履行内控监督的职能。该工作组应拥有充足的专业知识和胜任能力，确保能够精准识别并评估内部控制的薄弱环节。此外，还应定期邀请具有丰富经验的会计师事务所对公司内部控制进行深度审计，以进一步提升内控水平，确保公司的稳健运营。
>
> 通过本次内部控制评价，我们帮助公司识别了现有内部控制体系中存在的问题和不足，并提出了切实可行的改进建议。我们相信，在公司的积极改进和持续优化下，其内部控制体系将更加完善、高效，为公司的稳健发展提供有力保障。

内部控制体系作为企业管理的核心内容之一，涵盖了财务、运营、合规等多个方面。通过建立一套完善的制度和流程，内部控制体系可以保证企业能够在风险可控的前提下实现高效运营。然而，"一劳永逸"不是追求发展的企业的正确选择，市场竞争的不断加剧预示着内部控制体系需要面对更多的挑战，那么企业就需要持续的完善和优化内部控制体系，在适应快速变化的市场的同时实现稳健发展。

蜕变中的内部控制体系，需要注重以下方面。

1. 加强风险意识

企业不可能脱离于市场环境而存在，那么它就需要面对随时可见的诸多风险。面对这样的情况，最正确的做法是建立风险管理制度和加强员工培训。其一，企业需要健全风险管理机制，便于及时发现、评估和控制风险；其二，企业需要重视对员工的培训，员工整体的风险意识提升，方可以保证大家在工作时都遵循风险管理原则。

2. 实现信息化升级

企业追求数字化转型的现状对内部控制体系也产生了不小的影响。企业完全可以选择将先进的信息技术手段应用到内部控制工作中去，能够减少因为人为疏忽引起的误差和风险。同时，信息化的升级也使得内部控制工作的透明度和可追溯性得到提高,从而为企业的决策提供重要支持。

3.与企业的战略发展相结合

内部控制与企业的整体发展战略息息相关,它并不是孤立存在的。所以,企业在构建内部控制体系时,需要考虑到后续发展的战略目标及相关需求。健全的内部控制体系可以帮助企业优化内部控制流程、提升内部控制效率,从而成为实现最终的战略目标的助力。

4.持之以恒地投入和努力

构建内部体系不是"短期工",而是需要长久地坚持与持续的努力,企业可以积极了解其他行业或企业的成功经验,并结合自身实际情况作出最正确的判断与决策。当然,整个过程中的观察、监督和评估工作也十分重要,是确保企业内部控制体系稳定有效的关键所在。

二、优化内部控制体系

企业管理一直以来都是很复杂的一项工程,内部控制对一个企业来说,就如同是内部系统对人体的意义,所以内部控制体系是否健全也会决定企业能否实现可持续发展。所以承担着这项重要任务的财务管理人员,就需要全面了解企业的内部控制体系,进而增强现有体系的技能,并提高系统的免疫能力与抗风险能力。具体而言,财务管理者可以从以下方面入手。

1.深入了解销售与收款循环的内部控制

企业盈利离不开整体的销售额,它是获取收入的主要途径,而销售必须通过收款来保证收入安全。因此,在这一环节中,内部控制应关注销售合同的签订、销售收入的确认、收款流程的规范等方面。通过制定明确的销售政策和收款制度,加强销售合同的审核和备案,以及确保收款流程的透明和合规,可以有效防止销售收入的流失和违规操作的发生。

2.采购与付款循环的内部控制同样重要

采购是企业生产经营活动的基础,而付款则是保障供应商权益的关键环节。在这一环节中,内部控制应关注采购计划的制订、供应商的选择与评估、付款审批流程的规范等方面。通过建立科学的采购制度和严格的供应商准入机制,确保采购过程的公平、公正和透明,同时加强付款审批流程的监管,防止资金流失和违规操作。

3.生产与存货循环的内部控制也是不容忽视的一环

生产是企业实现价值增值的核心环节,而存货则是保障生产连续性和稳定性的重要资源。在这一环节中,内部控制应关注生产计划的制订、生产过程的监控、存货管理的规范等方面。通过制订合理的生产计划,确保生产过程的稳定和安全;同时还要加强存货的盘点和清查,确保存货数量的准确性和账实相符。

4.货币资金循环的内部控制是保障企业资金安全的关键

货币资金是企业运营的血液,其流动性和安全性直接关系到企业的生存和发展。在这一环节中,内部控制应关注资金管理的规范、资金流向的监控、银行账户的管理等方面。通过建立完善的资金管理制度和监管机制,确保资金的合理使用和安全存放;同时还应加强对资金流向的监控和分析,及时发现和防范资金风险。

5.舞弊防范与法规遵循是内部控制体系的关键要素

舞弊行为会严重损害企业的利益和声誉,而法律法规则是保障企业合规经营的重要基础。因此,在建立内部控制体系时,应充分考虑舞弊风险的防范和法律法规的遵循。通过加强员工的法律法规培训和道德教育,提高员工的法律意识和道德水平;同时还要建立有效的舞弊举报和查处机制,对发现的舞弊行为进行严肃处理。

第二节 销售与收款循环:节奏中的优雅舞步

销售与收款是企业获取收入的重要关注环节,只有盈利才是维持企业发展的底气,所以该环节对企业的后续运营有很大的影响。在这个环节中,企业必须要同时熟悉内部外情况,不仅需要掌握市场大环境需求,还需要结合内部实情制定合理的销售管理，只有这样才可以通过有效的收款来保证收入安全，销售与收款循环的主要内容如图2-3所示。

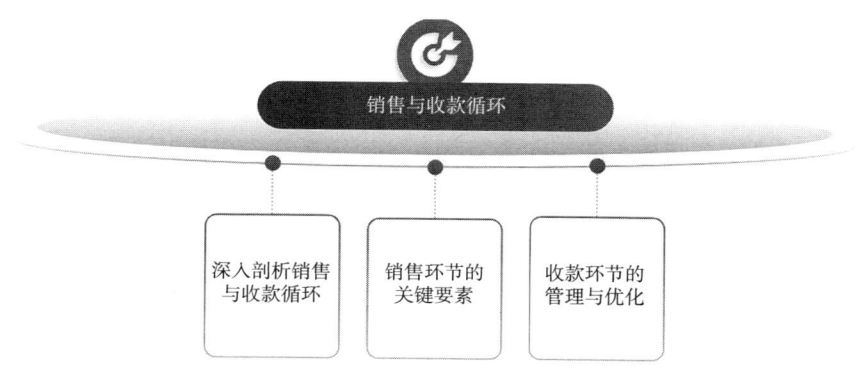

图 2-3 销售与收款循环

一、深入剖析销售与收款循环

说起销售与收款，我们必然知晓它与资金分不开，销售与收款循环直观上关系到企业的经济效益，在深层次上影响着企业资金的流程运转。企业应该对销售与收款循环进行深入的剖析，探讨其定义、重要性及基本流程。

1. 销售与收款循环的定义

销售与收款循环是一个涵盖从销售产品或服务开始，至款项最终成功到账的全流程。在这个过程中，企业需要与客户建立销售关系，签订合同，交付产品或提供服务，并最终完成收款。这一循环的顺畅与否，直接影响到企业的现金流状况和经营效益。

2. 销售与收款循环的重要性

销售与收款循环在企业运营中具有极其重要的地位。它是连接企业与客户的关键纽带，直接关系到企业的生存与发展。这一循环的顺畅与否，不仅影响着企业的资金流动和盈利能力，更决定了企业在市场中的竞争力和声誉。如果销售与收款循环出现问题，可能会导致企业资金短缺、运营困难，甚至面临倒闭的风险。因此，深入理解并优化销售与收款循环，对于提升企业的运营效率和竞争力具有至关重要的意义。接下来，我们将详细探讨销售与收款循环的各个关键环节及其重要性。

> **案例**
>
> 某电子产品公司近年来在市场中表现活跃，其产品线丰富，包括智能手机、平板电脑等。随着市场竞争的加剧，该公司为了扩大市场份额，不断推出新品，并加大了对销售渠道的投入。然而，在销售额不断增长的同时，公司却面临着收款延迟、坏账增加等问题。
>
> 1. 销售环节
>
> 在销售环节，该公司采取了多种销售策略，包括线上销售和线下实体店销售。线上销售通过自建电商平台和与第三方电商平台合作实现，线下销售则通过实体店和代理商进行。这种多元化的销售渠道为公司带来了更多的客户和销售机会。
>
> 然而，在销售过程中，公司也面临着一些挑战。首先，市场竞争激烈，为了吸引客户，公司需要提供具有竞争力的价格和优质的服务。其次，客户信用管理也是一个重要问题。一些客户可能存在拖欠货款或坏账的风险，需要公司加强信用评估和风险控制。
>
> 2. 收款环节
>
> 收款环节是销售与收款循环中的关键环节。在该案例中，公司面临的主要问题是收款延迟和坏账增加。这主要是因为客户信用管理不善、内部流程不畅及外部环境因素引起的。
>
> 为了解决这些问题，公司可以采取以下措施：一是加强客户信用管理，对客户进行信用评级，并制定相应的信用政策；二是优化内部流程，提高收款效率；三是加强与合作方的沟通协作，确保收款流程的顺畅进行。

通过对上述案例的分析，我们可以看出销售与收款循环在企业运营中的重要性。一个有效的销售与收款循环不仅有助于提高企业的销售效率和客户满意度，还有助于降低坏账风险，保障企业的资金安全。因此，我们可以将销售与收款循环的重要性汇总为以下方面。

（1）确保企业经济效益。销售是企业获取收入的主要途径，而收款则是实现利润的关键环节。只有确保销售与收款循环的顺畅，企业才能不断积累资金，进而实现经济效益的提升。

（2）维护企业信誉。及时的收款不仅能够保证企业的资金安全，还能够树立企业的良好信誉。在与客户合作过程中，企业如果能够按时履行收款义务，会在客户心目中留下较好的印象，增加彼此信任的同时也能够促进多次合作。

（3）优化企业运营效率。销售与收款循环过程涉及订单、发货、收款等多个环节，不断的优化该循环过程有利于提高整体工作效率，从而降低日常运营成本。企业在优化销售与收款循环的同时，也方便自己更好地掌握市场动态，并根据实时变化及时调整现有决策。

3. 销售与收款循环的基本流程

销售与收款循环的基本流程包括以下环节。

（1）销售准备。在销售行为发生之前，企业首先需要制定销售策略，明确目标客户群，准备销售资料，旨在为销售活动的开展打下基础。

（2）签订合同。当企业与客户达成销售意向后，双方便需要签订销售合同，其中内容需要明确产品规格、数量、价格、付款方式等关键条款。

（3）交付产品或服务。按照已经签订的合同，企业需要按时交付产品或提供服务，确保客户满意度。

（4）开具发票。产品或服务在交付完成后，企业还需要按照合同要求向客户开具发票，作为收款依据。

（5）收款与对账。根据发票金额，企业便可以向客户发起收款请求。在这之后，企业需要在客户支付后确认收款，并在财务系统进行对账，以确保财务数据的准确性。

（6）售后服务与反馈。并不是货款两清就完美结束，企业还需要承担售后服务，及时解决客户的问题，并积极收集客户反馈，让合理意见成为销售活动改进的方向依据。

二、销售环节的关键要素

我们清楚，销售不仅仅只是简单的贩卖产品或服务，而是涉及多个关键因素，比如客户需求分析与定位、产品推广与营销策略、销售合同的签订与执行、售后服务与客户关系维护等。只有将这些要素都认真考虑，并进行管理协调，才可以确保销售目标的完成。

1. 客户需求分析与定位

客户需求分析与定位作为销售工作开展的首要步骤，同时也为企业制定后续的营销策略提供信息。想要充分了解客户需求，企业就需要通过多种手段对目标市场进行细致研究，如市场调研、客户访谈、数据分析等。采取这些手段的目的是了解客户的购买习惯、消费心理、需求痛点等，以便为产品推广和营销策略提供精准定位。

同时，我们还可以根据市场细分和目标客户群体的特点，制定有针对性的产品和服务方案。这有助于企业提升客户满意度和忠诚度，进而促进销售业绩的提升。

2. 产品推广与营销策略

产品推广与营销策略在销售环节中起到连接性作用，使得准备工作与销售工作能够有前有后。根据市场需求和竞争态势，我们能够创新营销策略，此时，企业就可以选择适合的推广渠道，如线上平台、线下活动、合作伙伴等，进行产品宣传和推广。

此外，为了应对市场局势的变化和竞争对手带来的压力，我们还需要制定差异化的定价策略。同时，企业也通过优惠活动、增值服务等方式，提升产品的附加值，增强客户购买意愿。

3. 销售合同的签订与执行

销售合同的顺利签订与执行能够保障企业的权益和销售业绩，所以也是销售环节的重要部分。在签订合同的过程中，我们应该明确企业与合作方的权利与义务，并对产品规格、交货期等关键条款进行明确的约定。与此同时，企业也需要确保合同内容合规合法，进而规避潜在的法律风险。

签订合同不代表可以一劳永逸，还需要持续关注执行阶段，在此期间，我们需要实时关注订单进展，保证产品或服务顺利到达客户处。同时，企业还需要加强语言客户的沟通，一方面可以及时获取反馈，另一方面也能够快速解决客户问题。

4.售后服务与客户关系维护

售后服务与客户关系维护是提升客户满意度和忠诚度的关键举措。企业维持销售额稳定的关键途径是维系老客户，基于此我们需要建立完善的售后服务体系，旨在为及时、准确地满足客户需求。售后服务质量越好的企业，越能够收获消费者的好评，从而增加客户满意度与信任感。

同时，售后服务不是只有回复客户一种途径，去面对面的询问客户意见也很关键，我们可以定期回访客户，在提升客户满意度的同时还能够掌握更多的产品信息。

三、收款环节的管理与优化

收款环节涉及企业的现金流、资金安全及客户关系等多个方面。因此，企业想要提高运营效率、降低风险和获取客户认可，就需要对收款环节进行管理与优化。

1.收款方式的选择与风险控制

在收款环节，企业需要根据自身的业务特点、客户类型及市场环境等多种因素，合理选择收款方式。比如，线上支付、支票、电汇等方式各具优势，分别适用于不同的场景和需求，企业可以视情况而选。在选择收款方式时，客户支付习惯、支付安全及资金到账时间等都是我们需要考虑到的因素。

此外，企业在选择收款方式时，还需要关注支付过程中的风险控制。比如，对于线上支付，需要保证交易平台的安全性，防止遭遇网络诈骗等风险；对于支票和电汇等方式，需要考虑到验票安全与审核机制完善，防止出现假票和欺诈情况。

2. 应收账款的跟踪与管理

应收账款是企业的重要资产之一，对其进行有效的跟踪与管理，可以帮助企业及时了解客户的付款情况，预防坏账的发生。企业可以建立应收账款台账，记录客户名称、金额、到期日等详细信息，并设定提醒机制，确保及时跟进催收。

同时，信息化手段不仅可以减少人力成本，还可以提高数据处理准确率，我们就可以适当地将其应用其中。比如，企业可以引入应收账款管理系统，对应收账款进行自动化跟踪与管理。

3. 坏账处理与风险预警机制

在收款过程中，我们不能保证账目一直处于完全正确的状况，坏账难以避免。面对已经存在的坏账，企业可以通过坏账确认、核销和追讨等流程，实现对坏账的合理处理。同时，企业还需要对坏账原因进行深入分析，找出问题根源，防止类似情况再次发生。

此外，尽管坏账的产生难以完全杜绝，但通过积极有效的措施来尽力降低其发生的可能性，无疑是极具价值的。所以我们还需要建立风险预警机制，对可能出现坏账的风险点进行及时预警和处置。当企业监控到客户信用状况、市场变化及企业内部运营情况等多种因素时，就可以及时发现潜在风险，并采取相应的措施进行防范和应对。

4. 收款环节的优化策略

企业收款流程理应随着时代的变化而变化，在当下，我们需要积极地接纳和引入数字化，实现收款流程的优化。完善的收款环节，不仅可以提高企业的经济效益，还能够通过便利客户而获得信任感与忠诚度。因此，我们可以采纳以下优化策略进一步提升收款环节的效率与安全性。

（1）多元化收款方式。根据客户需求和市场变化，灵活调整收款方式，提供多种支付渠道，提高客户满意度。

（2）自动化与智能化管理。利用先进的信息化技术，实现收款环节的自动化和智能化管理，减少人工操作，提高工作效率。

（3）加强客户沟通与关系维护。通过与客户保持良好的沟通，及时了解客户的支付需求和困难，提供个性化的收款方案，增强客户黏性。

（4）定期培训与知识更新。加强收款环节相关人员的培训，提高他们的业务素质和风险意识，确保收款工作的顺利进行。

第三节 采购与付款循环：严把成本关，筑牢企业基石

采购与付款循环是企业控制成本、保障供应链稳定的关键环节。在此循环中，企业需要重视对成本的把关，只有合理降低采购成本、提高资金使用率，才可以实现稳定发展。我们可以深入分析该环节的工作内容，去了解如何才可以优化成本控制，在保证资金运作高效且安全的前提下维护与供应商的关系，采购与付款循环的主要内容如图2-4所示。

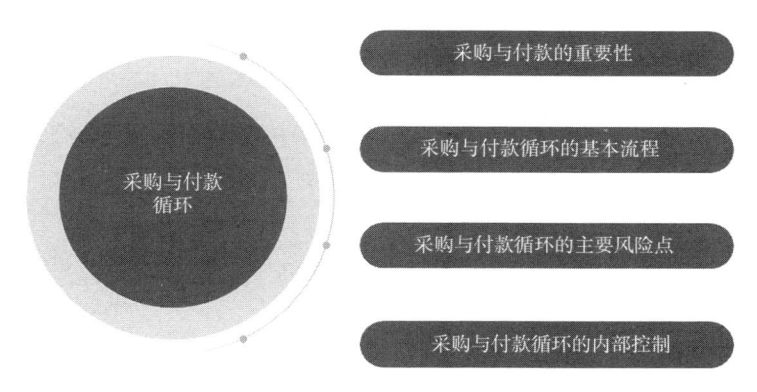

图 2-4 采购与付款循环

一、采购与付款的重要性

采购与付款循环是指企业在采购商品或服务过程中与供应商之间的资金结算和付款活动所形成的一系列相互关联、相互影响的业务流程。

> **案 例**
>
> 　　某制造企业，在运营过程中高度依赖采购与付款循环的顺畅运作。该企业以生产高精度机械零部件为主，对原材料的质量和供应稳定性要求极高。
> 　　在一次关键的生产周期中，由于采购部门与供应商之间的沟通协调不畅，一批关键原材料未能按时到货。这不仅打乱了生产计划，还使得企业面临违约风险，因为无法按时交付给下游客户。此外，由于采购与付款循环中的信息不对称，财务部门在支付货款时也存在一定的风险，如支付延迟或错误支付。
> 　　为了解决这个问题，企业重新审视了采购与付款循环的流程，加强了与供应商之间的沟通与协作，并建立了更加完善的采购与付款管理机制。通过这一改进，企业成功提高了采购与付款循环的效率，确保了生产计划的顺利实施，并降低了财务风险。

此案例凸显了采购与付款循环在企业运营中的重要性。一个高效、顺畅的采购与付款循环不仅可以保障企业的生产需求，还能降低企业成本、提高盈利能力，并对诸多风险进行有效管理。

企业应当重视采购与付款循环的管理，确保其高效、合规地运作，而采购与付款循环的重要性大致如下。

1. 关系到企业的生产经营活动

如果采购过程出现延误或错误，可能导致生产线的停滞或产品质量问题；如果付款环节出现纰漏，可能导致与供应商之间的信任危机甚至法律纠纷。因此，我们可以清楚地意识到，只有确保采购与付款循环的高效、准确运行，才能够更好地维护企业的正常运营。

2. 助力企业的成本控制趋向合理化

通过精细化的采购管理，企业可以实现对原材料、设备等采购成本的有效控制；通过合理的付款安排，企业可以优化资金结构，降低资金成本。由此可见，合适的措施能够帮助企业有效提高盈利能力与市场竞争实力。

3. 促进企业与供应商实现长期合作

通过诚信、公平的交易原则，企业可以与供应商建立稳定的合作关系，确保供应链的稳定性和可靠性。如果能够和更多的供应商达成长期合作，企业就相当于获得了长久的发展动力，从而能够保证在竞争中的绝对优势。

二、采购与付款循环的基本流程

采购与付款循环的流程涉及多个步骤，包括识别需求、选择供应商、下达订单、到收货、验收、付款等。通过完善该流程，企业可以提高采购的效率，并在保证质量的同时适当降低成本，从而助力自身实现可持续发展。

采购与付款循环流程中各环节的主要内容分析如下。

1. 需求识别

定期评估库存水平和市场需求，目的是确定所需采购的物资种类和数量。在此期间，企业需要综合考虑生产计划、销售预测及采购策略等因素，使得采购行动符合企业实际需求。

2. 选择供应商

对潜在的供应商进行严格的评估，包括考察其产品质量、价格、交货能力、售后服务等方面。最优选择一般在比较中诞生，通过综合比较，企业就可以选择出符合要求的优质供应商，以确保采购活动的顺利进行。

3. 下达采购订单

订单中应详细列明所需要物资的规格、数量、价格、交货期等信息，并与供应商进行确认。此外，订单中不能只有产品交易信息，还应该包含付款方式、违约责任等内容，在达成一致后方可签订协议。

4. 收货和验收

设立专门的验收部门或人员，对到货物资进行仔细检查，确保其数量、质量等方面与订单要求一致。一旦发现问题，企业就可以及时与供应商沟通解决，确保物资能够正常使用。

5. 进行付款

按照与供应商约定的付款方式，及时支付货款。付款过程也是展示信誉度的时刻，此时，企业应严格遵守财务制度和法律法规，确保进行的付款活动的合规合法。

三、采购与付款循环的主要风险点

采购与付款活动进行的同时，也会伴随着不少的风险，它们可能不是已经存在的，但是潜在风险同样需要引起注意。这些风险点主要包括以下方面。

1. 供应商选择风险

企业在选择供应商时，如果未能充分评估供应商的实力和信誉，可能导致采购到质量不合格或价格不合理的商品或服务。

2. 采购价格风险

采购价格的波动受市场供需关系、原材料价格等多种因素的影响。如果企业不能及时掌握市场价格动态并合理调整采购策略，可能会导致采购成本过高或过低，促使企业的盈利能力和市场竞争力有所降低。

3. 付款风险

在付款环节，资金安全、信用风险等问题随时可能出现。如果付款流程不严谨或内部控制不到位，可能给企业造成资金损失或法律风险。同时，如果供应商的付款能力不符合，也可能影响企业的正常付款和资金回流。

4. 内部控制风险

采购与付款循环涉及多个部门和环节，如果企业内部控制机制不健全或执行不到位，可能导致内部舞弊、信息失真等问题。

四、采购与付款循环的内部控制

为确保采购与付款循环过程的合规性、效率和风险控制，建立并优化内部控制机制成为企业必须要做的事情。采购与付款循环中的内部控制要点主要包括关键控制点的设置与监督、审批流程的设计与执行，以及内部审计与持续改进等方面。

1. 关键控制点的设置与监督

在采购与付款循环中，关键控制点主要包括供应商选择、采购订单生成、收货验收、发票核对及付款审批等环节。针对这些环节，企业应该制定明确的操作规范，保证后续的操作符合企业政策与法律法规要求。同时，监督机制的建立也很关键，通过对关键控制点的定期检查与评估，企业就可以及时发现潜在风险并采取相应措施予以纠正。

2. 审批流程的设计与执行

审批流程存在的意义是确保采购与付款活动的合规性，并防止腐败现象的发生。通过设置合理的审批层级与权限分配，企业就可以保证各层级人员在自己的职责范围内进行审批工作。并且，审批流程应该透明公平，使得各层级人员能够清晰了解采购与付款的具体事项，以便作出正确的决策。

3. 内部审计与持续改进

为了发现采购与付款环节的潜在问题，企业需要定期进行内部审计，以便于评估内部控制机制的有效性，从而制定出合适的改进策略。同时，我们还应该持续改进内部控制机制，以便适应不断变化的市场环境与业务需求。

第四节　生产与存货循环：协同奏响企业和谐乐章

企业销售的产品需要经过生产，为了满足更多客户的需求，还需要进行存货，所以生产与存货循环就成为企业运营的命脉所在。生产环节是企业创造价值的基础，存货环节也是确保企业持续运营的关键。只有将两者紧密连接，实现相辅相成，才能够助力企业实现可持续发展与稳定运营，生产与存货循环的主要内容如图 2-5 所示。

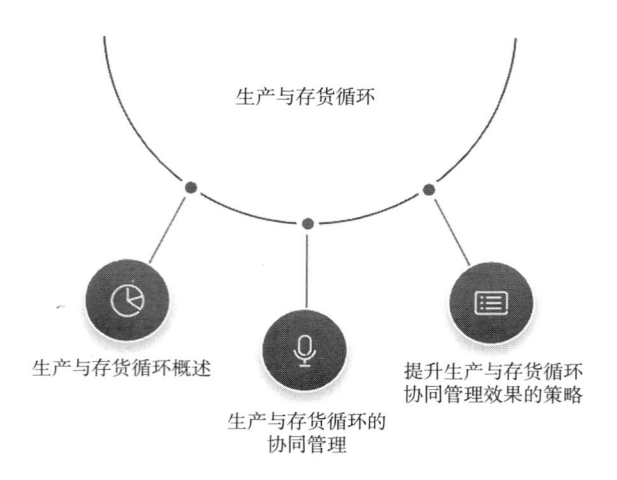

图 2-5　生产与存货循环

一、生产与存货循环概述

生产与存货循环涵盖了从原材料采购到产品完成、再到库存管理的全过程。这一过程工作的顺利完成，使得企业能够按照市场需求和战略规划，有效地进行生产活动，并在合理控制成本的同时，实现产品的顺畅流转与库存的优化管理。

1. 生产与存货循环的特点

生产与存货循环中的工作需要多个部门在多个环节中协同合作，包括采购、生产、仓储和销售等。在该环节中，企业需要让每个部门都密切关注市场动态和消费者需求，旨在及时调整生产计划，确保自己的产品能够满足市场变化的需求。此外，我们还应该高度重视供应链的稳定性，可以通过加强供应商管理、优化物流配送等方式，来降低运营成本并提高运营效率。

2. 生产与存货循环的重要性

> **案　例**
>
> 　　某电子制造公司近年来面临着市场竞争激烈、客户需求多变及成本压力上升的挑战。为了提高运营效率和市场竞争力，公司决定对其

生产与存货循环进行优化。

　　首先，公司加强了对市场需求的分析和预测。通过收集和分析历史销售数据、市场趋势及竞争对手的动向，公司能够更准确地预测未来一段时间内的市场需求。基于这些预测结果，公司制订了合理的生产计划，确保产品能够按时、按量地交付给客户。

　　其次，公司引入了先进的库存管理系统。通过该系统，公司能够实时掌握库存状况，包括原材料、半成品和成品的数量、位置和状态。这使得公司能够精准地控制库存水平，避免过多的库存积压和资金占用。同时，公司还加强了对库存成本的核算和分析，以便及时发现问题并采取相应的改进措施。

　　此外，公司还优化了生产流程。通过引入自动化设备和先进的生产工艺，公司提高了生产效率和产品质量。同时，公司还加强了对生产过程的监控和管理，确保生产过程中的问题能够及时发现和解决。

　　经过这些优化措施的实施，公司的生产与存货循环得到了显著改善。库存水平得到了有效控制，资金占用率明显降低；生产效率得到了提高，产品上市时间缩短；客户满意度也得到了提升，市场竞争力明显增强。这些变化不仅为公司的长期发展奠定了坚实基础，也为公司创造了更多的商业价值。

通过深入分析上述案例，我们不难发现，生产与存货循环的优化与重视对于企业而言无疑是一门至关重要的"必修课程"。深刻理解并充分认识到生产与存货循环的重要性，是企业在激烈市场竞争中立于不败之地的关键所在。具体而言，其重要性主要体现在以下方面。

（1）实现企业战略目标。通过对生产计划进行合理安排，企业可以保证产品的质量和数量满足市场需求，从而实现销售目标。

（2）有效降低库存成本。通过对市场需求与库存状况进行精准预测，企业可以避免库存积压情况出现，进而减少资金占用和浪费。

（3）提高企业运营效率。通过对生产流程和库存管理进行优化，企业可以合理缩短产品上市时间，提高客户满意度，进而增强市场竞争力。

3. 影响生产与存货循环的关键因素

（1）建立完善的生产计划体系，确保生产活动的有序进行。企业需要制订详细的生产计划、工艺流程和作业指导书等，以明确各环节的职责和要求。

（2）重视库存管理工作，实现库存信息的实时更新和共享。这样的举动能够帮助企业及时了解库存状况，作出正确的决策，避免库存短缺或积压。

（3）加强供应商管理，保证原材料的质量和供应的稳定性。通过与供应商建立良好的合作关系，企业可以降低采购成本，进而提高采购效率。

二、生产与存货循环的协同管理

企业想要实现高效运营和可持续发展，生产与存货循环的协同管理是关键。企业可以在促进生产与存货循环各环节之间协同配合的过程中，有效地降低成本、提高质量、增强竞争力，从而增强自身在市场中的竞争实力。

1. 生产循环的协同管理

之所以强调要重视生产循环的协同管理，是因为这样可以确保生产计划的制订与执行、生产线布局与调度、生产过程监控与质量控制及生产成本核算与控制等环节之间的紧密联系与无缝衔接。

（1）生产计划制订与执行。企业可以根据市场需求、资源供应及产能状况等因素，制订科学的生产计划，以此确保计划的严格执行。在执行生产计划的过程中，我们还应该关注相关部门之间的协同，保证生产工作与计划相符，并对突发的情况进行及时的应对与调整。

（2）生产线布局与调度。企业想要有效降低生产成本，就需要合理布局生产线，适当地减少货物搬运的距离与时间。同时，我们也需要制定合理的调度方法，保证生产线能够科学运作，尽量避免设备故障、人力不足等情况出现。

（3）生产过程监控与质量控制。企业还应该建立完善的质量管理体系，这样能够实时监控生产过程，从而保证产品质量能够满足客户要求。另外，企业也可以通过数据分析、质量评审等手段来持续的改进生产工艺，进而提高产品的质量水平。

（4）生产成本核算与控制。在成本核算方面，企业也应该建立并完善相关体系，这样有利于全面核算与分析生产成本，进而定位成本控制的薄弱环节，在此基础上制定的成本控制措施更有实践意义。

2. 存货循环的协同管理

企业进行存货循环的协同管理，就可以保证在存货采购与供应管理、存货仓储与保管、存货销售与物流配送及存货成本核算与分析等环节之间能够紧密配合。

（1）存货采购与供应管理。为了保证采购计划的顺利制订与执行，企业应该针对采购管理建立完善的制度。在采购过程中，企业与供应商之间的沟通很重要，只有双方沟通融洽，才能够保证货物供应的稳定性与及时性。同时，企业应该在对比后选择供应商，这样能够有效降低采购成本。

（2）存货仓储与保管。货物的存放也是重头戏，如果不能合理规划仓库布局，就可能出现空间利用不合理的情况。同时，货物的保管也很重要，如果置放不正确，就可能导致货物受损。此外，在进出库时，企业也需要进行货物盘点，进而确保货物数量的准确性与完整性。

（3）存货销售与物流配送。当货物到达企业仓库后，销售工作就被提上日程，此时企业应该建立完善的销售管理体系，确保销售计划的制订与执行。在此期间，我们应该保持与客户的沟通与协作，通过了解客户需求来获取满意度。同时，通过优化物流配送网络，企业也能够提高配送效率，降低物流成本。

（4）存货成本核算与分析。销售是过程，而收益才是结果，企业还需要重视成本核算。我们可以通过对比不同存货的成本差异，找出成本控制的薄弱环节，为企业制定成本控制策略提供依据。同时，企业还可以通过对存货周转率的分析，精准评估存货管理水平，进而优化存货结构。

3. 生产与存货循环协同管理的实践案例分析

生产与存货循环协同管理已成为提升效率、降低成本和增强竞争力的关键所在。我们可以通过一些具体的实践案例，分析成功的经验和失败的教训，希望能够为企业实施生产与存货协同管理提供有益的启示。

企业财税合规与智慧管理实战指南

> ◎ 案 例
>
> **成功案例分享**
>
> 　　某知名电子产品制造企业,通过实施生产与存货协同管理,实现了显著的效益提升。该企业通过引入先进的供应链管理系统,实时监控生产进度和存货情况,使生产和销售环节无缝衔接。此外,企业还建立了跨部门协同机制,确保各部门之间的信息共享和协同配合。
>
> 　　在生产环节,企业采用精益生产理念,优化生产流程,减少浪费和成本。在存货环节,企业采用实时库存管理系统,确保库存水平始终保持在合理范围内,避免了库存积压和缺货现象的发生。
>
> 　　这些措施的实施,使得该企业的生产效率显著提高,存货周转率大幅提升,同时也降低了企业的运营成本和市场风险。
>
> **失败案例剖析**
>
> 　　相比之下,某传统制造企业却未能成功实施生产与存货协同管理。该企业虽然引进了先进的生产设备和管理系统,但由于缺乏跨部门协同和信息共享机制,生产与存货环节严重脱节。
>
> 　　在生产环节,生产流程的不合理和资源的浪费,导致生产效率低下,成本高昂。在存货环节,缺乏实时库存监控和预警机制,导致库存积压和缺货现象频发,严重影响了企业的生产和销售。
>
> 　　这一失败案例充分说明,仅仅依靠先进的设备和系统并不能实现生产与存货协同管理的目标,还需要建立有效的协同机制和信息共享平台。

从上述案例中,我们可以得出以下经验总结和启示。

(1)实施生产与存货协同管理需要建立跨部门协同和信息共享机制。企业应该积极打破部门壁垒,实现信息的实时传递和共享,确保各部门之间的协同配合。

(2)引入先进的供应链管理系统和实时库存管理系统是实现生产与存货协

同管理的重要手段。相关系统能够帮助企业实时监控生产和存货情况，这些将成为制度决策的信息依据。

（3）注重生产流程的优化和资源的合理利用，提高生产效率并降低成本。同时，企业还需要建立库存预警机制，旨在避免库存积压和缺货现象的发生。

（4）实施生产与存货协同管理需要得到企业领导层的重视和支持。只有领导层充分认识到协同管理的重要性，才能推动相关措施的有效实施。

三、提升生产与存货循环协同管理效果的策略

意识到生产与存货循环协同管理的重要性后，企业就需要进一步提高管理效果。企业可以从多个方面入手，加强沟通与协作、优化流程与提升效率、引入智能化技术提升管理能力及建立绩效考核与激励机制等都是重要的策略。通过综合运用这些策略，企业可以不断提升生产与存货循环协同管理水平，为企业的发展提供有力支持。

1. 加强沟通与协作

沟通与协作是实现生产与存货循环协同管理的关键。首先，各部门之间需要建立有效的沟通机制，保证生产、采购、销售等部门能够实时共享信息，跳出信息不对称带来的管理困境。

同时，企业可以定期组织跨部门会议，针对生产与存货协同管理中存在的问题进行深入探讨，共同寻找解决方案。

此外，企业还应该通过建立团队建设活动、加强员工培训等方式，提高员工之间的默契度和信任度，促进团队协作意识的形成。

2. 优化流程与提升效率

优化生产与存货循环流程是提高协同管理效果的重要手段。企业可以对现有流程进行全面梳理，找出其中的瓶颈和问题，并采取针对性措施进行改进。比如，我们可以简化审批流程、优化生产计划、提高物流配送效率等，以此提高整体运营效率。

同时，很多先进的管理理念和方法也需要被企业引入，如精益生产、六西格玛等，这些对生产与存货循环的持续优化有很大帮助，能够不断提升管理水平。

3. 引入智能化技术提升管理能力

智能化技术也是提升生产与存货循环协同管理效果的重要工具之一。企业可以运用大数据、云计算、物联网等先进技术，构建智能化的生产与存货管理系统。

应用该系统后，企业可以实时掌握很多重要信息，包括生产进度、库存状况、市场需求等，可以实现精细化管理和决策。此外，智能化技术还可以提供自动化生产、智能调度等功能，可以帮助企业进一步提高生产效率和资源利用率。

4. 建立绩效考核与激励机制

想要激励员工积极参与生产与存货循环协同管理，企业就应该建立完善的绩效考核与激励机制。通过设定明确的绩效指标和考核标准，我们就可以对员工的协同管理效果进行客观评价。

同时，为了激励员工不断提高协同管理水平，企业还可以根据考核结果制定相应的奖励和惩罚措施。此外，企业还可以设立专门的协同管理奖项，通过表彰在协同管理方面作出突出贡献的员工或团队，能够为其他员工树立榜样，激发全员参与协同管理的积极性。

第五节　货币资金循环：守护企业"血液"，确保健康流动

健康稳定的货币资金循环不仅能保障企业的正常运作，还能为企业的可持续发展提供源源不断的动力。因此，守护企业的"血液"——货币资金循环，确保其稳定运行，对企业来说是实现长远发展的关键举措，货币资金循环的主要内容如图 2-6 所示。

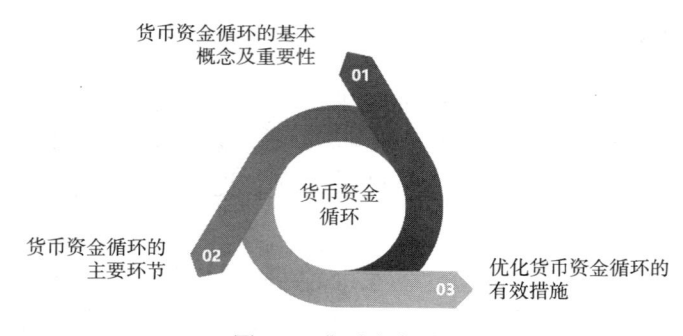

图 2-6　货币资金循环

一、货币资金循环的基本概念及重要性

货币资金循环的内涵丰富、作用重大，是企业经济活动中不可或缺的一环。深入理解货币资金循环的基本概念与重要性，有助于我们更好地把握企业运营的脉搏，为企业健康发展提供坚实的资金保障。

1. 解析货币资金循环的含义

货币资金循环，简单来说，就是货币在经济体系中不断流动、转化和增值的过程。这一循环不仅包括货币在商品生产、流通和消费等各个环节的流转，还涉及货币在金融市场中的投资、借贷和交易等活动。完成这一循环，货币就可以展现其作为价值尺度、流通手段和支付手段的基本职能，同时也为企业的经济增长和社会发展提供了关键动力。

而货币资金循环主要由以下四部分构成。

（1）货币供给与需求。货币供给是指经济体系中货币的总量，而货币需求则是指经济活动对货币的需求程度。这两者的平衡与失衡，对货币市场的稳定和货币政策的制定有着直接的影响。

（2）货币流通渠道。货币往往会通过不同的流通渠道在经济体系中流动，如现金流通、转账结算、电子支付等。这些流通渠道的畅通与否，对货币流通的速度和效率有着直接影响。

（3）金融市场。金融市场是货币资金循环的重要场所，包含股票市场、债券市场、外汇市场等。在不同的金融市场中，货币会转化为资本，为投资者提供多元化的投资选择和风险分散途径。

（4）宏观经济政策。货币政策、财政政策等宏观经济政策也影响着货币资金循环。通过调整利率、汇率等政策措施，政府能够引导货币资金的流向和配置，进而实现经济增长、物价稳定等宏观经济目标。

2. 探讨货币资金循环的重要作用

货币资金循环影响着企业的正常运作，同时对企业的生存发展有一定的决定力。因此，我们需要对货币资金循环在企业运营中的核心地位和价值进行深入探讨。

（1）货币资金循环在企业运营中具有保障企业正常运转的关键作用。企业的运营活动涉及生产、销售、采购等多个环节，这些环节都需要货币资金的支撑。通过有效的货币资金循环，企业可以确保生产过程中的资金需求得到满足，进而保障生产活动的顺利进行。同时，货币资金循环还可以帮助企业实现销售收入的及时回收，确保企业的现金流稳定，为企业的持续发展提供有力保障。

（2）货币资金循环对企业价值创造具有重要影响。货币资金循环过程中，企业通过将闲置资金投入生产、研发等领域，可以实现资源的有效配置和价值的增值。同时，通过不断优化货币资金循环的效率，企业可以降低资金成本，提高资产收益率，进而增强企业的竞争力。此外，货币资金循环还可以帮助企业抓住市场机遇，应用投资、并购等方式能够实现战略转型和升级，进一步提升企业的市场地位和价值。

（3）货币资金循环还对企业的风险管理具有重要意义。市场风险、信用风险、流动性风险等随时可能在企业运营过程中出现。货币资金循环被认为是企业内部资金流动的主要渠道，它可以帮助企业及时发现和应对这些风险。通过优化货币资金循环的结构和流程，企业可以加强内部控制，进而降低风险发生的概率。同时，货币资金循环还可以为企业提供一定的风险缓冲，帮助企业在面临风险时保持经营的稳定性。

（4）货币资金循环的优化还可以为企业创造更多的经济效益。货币资金循环的优化可以帮助企业实现资金的快速周转，减少资金占用成本，进而降低日常的经营成本。同时，通过合理的货币资金配置，企业还可以实现资金的最大化利用，进而创造更多的经济价值。

二、货币资金循环的主要环节

企业要想顺利完成相关工作与准备，就必须要深入了解并掌握货币资金循环的核心环节。货币资金循环主要涉及三大关键节点，分别为资金的流入、流出及高效管理，只有充分了解与掌握这三个环节，企业才能更有效地进行资金管理，确保企业健康、稳定地发展。

1. 资金流入环节

资金流入环节是货币资金循环的起点，主要来源于销售收入和融资两大渠道。

（1）销售收入。企业是通过销售产品或提供服务，来实现资金的回笼。在这一过程中，我们理应密切关注市场动态，制定合理的销售策略，以便于提高销售收入。同时，企业还应加强应收账款管理，帮助销售收入的钱款能够及时到账。

（2）融资。通过发行债券、向银行申请贷款等方式，企业就可以筹集资金以支持经营活动。在融资过程中，我们应该根据自身的经营状况和资金需求，选择合适的融资方式，并合理安排融资规模和期限。

2. 资金流出环节

资金流出环节则涉及运营成本、税费、利润分配等方面。

（1）运营成本。想要维持正常运营，企业最应该做的就是按时支付员工工资、租金、水电费等各种费用。此时，加强成本控制就很重要，所以企业需要优化资源配置，并减少不必要支出，以此提高盈利能力。

（2）税费。按照法律法规的要求缴纳各种税费，是每个企业的义务与责任。企业应该充分了解税收政策，合理进行税务筹划，以降低税负。

（3）利润分配。在获取盈利后，企业还需要根据相关法律法规和公司章程的规定，向股东分配利润。公平合理的利润分配有助于激发投资者的信心，促进企业持续发展。

3. 资金管理环节

企业需要通过有效的财务管理手段，确保资金的安全、流动和增值。

（1）建立健全的预算管理制度。合理的预算管理制度有助于企业预测和控制资金流动，降低经营风险。

（2）加强现金流管理。企业应该实时关注现金流状况，制定合理的资金调配方案，以满足经营活动的需求。同时，企业还应该重视现金流风险，采取措施预防资金短缺或过度储备。

（3）利用金融工具进行资金管理。比如，企业可以通过投资理财产品、参与金融市场交易等方式，促使资金实现增值。然而，在选择和应用金融工具时，我们应该谨慎评估风险，制定合适的投资策略。

三、优化货币资金循环的有效措施

> **案例**
>
> 某电商企业在市场竞争中取得了显著的成绩，但随着业务规模的快速扩张，货币资金循环的问题逐渐显现。企业面临着资金周转效率低下、运营成本高昂及融资渠道单一等挑战。为了应对相关问题，该企业决定从以下三方面入手，优化货币资金循环：
>
> （1）在提升运营效率方面，该企业引入了先进的供应链管理系统和自动化仓储设备。通过系统的数据分析和预测功能，企业能够更精准地把握市场需求，优化库存结构，减少滞销和积压库存的风险。同时，自动化仓储设备的使用也大大提高了仓库作业的效率，减少了人工成本和操作时间。
>
> （2）在加强财务管理方面，该企业建立了完善的内部控制体系和财务审批流程。通过设立独立的财务部门和审计机构，企业加强了对财务活动的监督和管理，确保资金运作的合规性和安全性。此外，企业还加强了与供应商和客户的对账和结算工作，确保资金的及时回笼和支付，降低了坏账和应收账款的风险。
>
> （3）在拓展融资渠道方面，该企业积极寻求多元化的融资渠道。除了传统的银行贷款和资本市场融资外，企业还积极与风险投资机构、私募股权基金等金融机构建立合作关系，引入了更多的资金支持。这些资金的注入不仅缓解了企业的资金压力，还为企业提供了更多的发展机会和动力。
>
> 通过以上三个方面的优化措施，该电商企业成功地改善了货币资金循环的状况。企业的运营效率得到了显著提升，财务管理更加规范和高效，融资渠道也更加多样化和灵活。

深入分析上述案例，不难发现，切实可行的货币资金循环优化举措不仅可以增强企业竞争力、提高企业市场地位，还可以促进企业的持续发展。具体而言，这些举措主要包括以下几个方面。

1. 提升运营效率

为了实现这一目标，企业需要积极采取措施对业务流程进行优化，通过精简不必要的环节和环节间的时间消耗，降低运营成本。比如，我们可以引入先进的信息化管理系统，让业务流程变得自动化和智能化，减少人工操作的时间和误差。此外，企业还可以通过改进生产技术和提高生产效率，减少产品制造过程中的成本支出，从而为货币资金循环的加速提供支持。

2. 加强财务管理

财务管理包括内部控制、财务制度、资金预算等多方面内容。通过加强内部控制，企业可以确保资金运作的合规性和安全性，防止内部舞弊和资金流失；完善财务制度也能够为企业提供规范的财务运作标准，减少操作失误和风险；在资金预算方面，企业则需要合理安排资金使用，确保资金在流动过程中始终充足，避免资金短缺或闲置的情况发生。

3. 拓展融资渠道

多元化的融资渠道能够为企业提供更多的资金来源，对企业的长久发展作用重大。企业可以积极探索资本市场融资、银行贷款、政府扶持资金等多种融资渠道，并根据自身实际情况选择适合的融资方式。同时，企业还需要注重与金融机构和投资者的沟通和合作，建立良好的信用关系，旨在为未来的融资活动奠定坚实基础。

第六节　舞动的红线：坚守法规，严防舞弊之风

在内部控制与业务循环中，坚守法规、严防舞弊是一个企业得以稳定长期发展的必要条件。能够时刻保持对国家法律法规和行业规定有敬畏之心的企业，往往会严格遵守各项规定，确保每一项业务都能在法律框架内稳健前行，

从而确保诸多工作项目的合法合规性。此时，企业便需要明确自己要做什么、要怎么做，如图 2-7 所示。

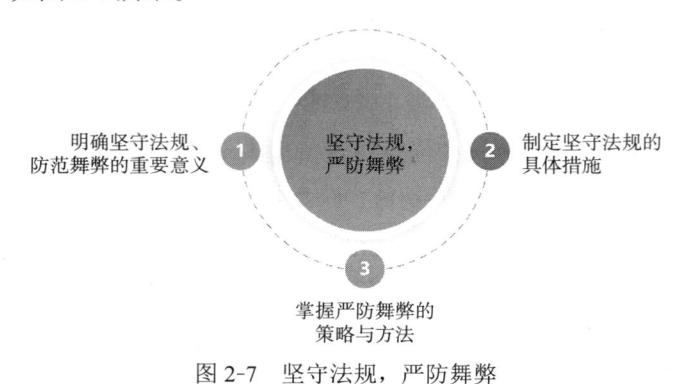

```
        明确坚守法规、           坚守法规，           制定坚守法规的
        防范舞弊的重要意义        严防舞弊            具体措施

                              掌握严防舞弊的
                              策略与方法
```

图 2-7　坚守法规，严防舞弊

一、明确坚守法规、防范舞弊的重要意义

就目前的市场形势而言，稍有不慎就可能会行差大错，这也使得很多企业面临着越来越大的经营压力与风险。如此这般，企业就更需要坚守法规、防范舞弊。下面我们将从多个方面来深入剖析这一观点的重要性。

1. 企业坚守法规是维护市场秩序和公平竞争的基础

法律法规作为社会规范的体现，其作用是维护市场的公平、公正和透明。企业的经营行为必须符合相关法律法规的规定，只有这样，才能保证整个经济市场能够良性竞争，从而避免不正当手段对市场秩序造成破坏。

2. 防范舞弊有助于保护企业的经济利益和声誉

舞弊行为可能导致企业面临法律处罚，进而会严重影响企业的声誉和信誉。一旦企业被曝出存在舞弊行为，其形象将受到严重损害，后续就很难获得客户与合作方的信任与支持。因此，防范舞弊有利于企业维护经济利益与声誉名声。

3. 坚守法规、防范舞弊还有助于提升企业的内部管理水平

想要杜绝舞弊行为的出现，企业就需要建立健全的内部控制体系，加强对员工行为的监督和约束。同时，企业还应该督促员工学习和遵守法规，旨在提升大家的法律意识和职业道德水平，从而提高企业的整体运营效率和管理水平。

以下是一些关于严格遵守法规与防范舞弊，以及忽视法规与存在舞弊行为的企业的相关案例。

> **案例**
>
> **案例一：严格遵守法规、注重防范舞弊的成功企业**
>
> 某知名制药企业以其严格遵循医药行业法规、注重防范舞弊的做法而著称。企业建立了完善的内部控制体系，确保从研发到生产、销售等各个环节都严格遵守相关法规。此外，企业还定期开展内部审计和员工培训，提高员工的法规意识和职业操守。由于该企业始终坚持合规经营，其产品在市场上赢得了良好的声誉，获得了消费者的信任，进而取得了显著的市场竞争优势。
>
> **案例二：忽视法规、存在舞弊行为导致经营困难的企业**
>
> 某建筑企业因忽视相关法规、存在舞弊行为而陷入困境。在工程项目实施过程中，为了降低成本、追求利润最大化，多次违反建筑安全标准和环保法规，导致工程质量不达标、环境污染严重。此外，企业还存在虚报成本、偷税漏税等违法行为。这些行为最终引发了法律纠纷和监管部门的处罚，严重损害了企业的信誉和形象。由于信誉受损和市场份额下降，企业经营困难，最终不得不进行重组。

从上述两个案例可以看出，严格遵守法规、注重防范舞弊的企业能够在市场竞争中取得更好的成绩，相反，忽视法规、存在舞弊行为的企业则容易陷入法律纠纷和信誉危机。

二、制定坚守法规的具体措施

法规的重要性愈发被大众所认同，无论是企业还是个人，都需要严格遵守相关的法规要求。为了切实维护法规的权威性和执行力度，企业需要采取一系列具体而有效的措施，确保法规得到严格执行。

1. 明确法规要求，加强学习与宣传

无论是国家层面的法律法规，还是行业规范、企业内部制度，企业员工都应该深入了解并熟知其内容。这就要求企业不断加强学习，定期组织培训，使全体员工都具备法规意识。同时，企业还要通过宣传栏、内部网站、微信公众号等渠道和形式积极宣传法规知识，向员工普及法规知识，提高大家的法规素养。

2. 制定严格的内控制度，规范业务流程

在了解法规要求的基础上，企业需要制定一套完善的内控制度，以此规范企业的业务流程。这些内控制度应该包括财务管理、人力资源管理、项目管理等，进而保证企业在各个环节中都能遵守法规要求。同时，企业的内控制度还需要不断完善和更新，以便于适应法规的变化和企业的发展需求。

3. 强化监督与检查，确保法规执行到位

通过建立健全的监督机制，企业可以对各个部门的业务进行定期或不定期的检查，确保业务操作符合法规要求。同时，企业还要加强内部审计工作，在对财务、管理等方面进行全面审查后，就能够及时发现和纠正违规行为。对于发现的违规问题，我们一定要严肃处理，坚决杜绝类似问题的再次发生。

4. 建立奖惩机制，激励合规行为

如果想要激发员工遵守法规的积极性，企业就应该建立一套合理的奖惩机制。对于遵守法规、表现优秀的员工，要给予表彰和奖励，以树立榜样、激发动力；对于违反法规的行为，要坚决予以惩处，以儆效尤。通过奖惩机制的建立和实施，企业可以营造一个良好的合规氛围，处于这样的环境中，大家就会自觉遵守法规要求。

三、掌握严防舞弊的策略与方法

为了确保企业长期稳定发展，管理者与决策者必须采取一系列严谨的策略与方法，坚决打击和预防舞弊行为的发生，以维护内部的平衡与秩序。

1. 提高员工廉洁自律意识

企业应当定期举办廉政教育和培训活动，帮助员工树立正确的价值观和道德观，让大家意识到廉洁自律的重要性。同时，还可以制定严格的规章制度，明确员工的职责和行为准则，促使员工自觉遵守相关规定，取缔任何形式的舞弊行为。

2. 加强内部审计与监督

企业应该设立独立的内部审计机构，其职责是负责对公司的财务和业务活动进行全面、客观、公正的审计。经过及时准确的审计，我们可以及时发现潜在的风险和问题，确保财务和业务的真实性和合规性。此外，监督部门也应加强对舞弊行为的监管和处罚力度，形成有效的威慑机制，让潜在舞弊者不敢有实质性行动。

3. 强化合作与沟通

企业需要加强与外部监管机构、行业协会等组织的合作，团结力量以打击舞弊行为。同时，内部各部门之间也应加强沟通与协作，形成合力来共同抵制舞弊。通过分享经验、交流信息，我们可以及时发现并解决潜在的问题，提高整个组织的反腐倡廉能力。

4. 创新技术手段

大数据、人工智能等先进技术，如果使用得当，我们就可以有效提高对舞弊行为的识别能力和处理效率。比如，通过构建数据分析模型，可以实现对财务数据和业务数据的实时监控和预警；利用人工智能技术进行智能审计和风险评估，可以大大提高审计工作的准确性和效率。

第三章　合同管理与风险管理的双重保障

在企业的运营过程中，合同管理与风险管理是密不可分的两个重要环节。合同管理旨在确保企业与外部合作伙伴之间的协议得到妥善执行，维护企业的合法权益；而风险管理则侧重于识别和评估潜在的风险因素，制定应对策略，以保障企业的稳健发展。将合同管理与风险管理相结合，可以为企业提供双重保障，有效应对各种挑战。

在合同管理流程中，企业应注重合同的起草、审核、签署、执行和归档等各个环节，确保合同的合法性和有效性。同时，通过风险管理手段，企业可以在合同签订前对合作伙伴的信誉、经营状况等进行全面评估，以降低合同执行过程中的风险。在合同履行过程中，企业还应密切关注市场动态和法律法规的变化，及时调整合同策略，确保合同的顺利执行。

第一节　合同管理流程与核心要点

"合同"一词对很多人来说并不陌生，但说到完全了解和掌握，却很少有人能够保证自己可以做到。然而，合同作为法律保障和商业合作的凭证，其管理在推动企业财税合规与智慧管理方面发挥的作用不容有丝毫懈怠。因此，企业需要深入掌握和了解合同管理的全流程及其核心要点，如图3-1所示，以确保企业稳健运营及合规发展。

一、合同管理的流程

从合同洽谈、签订到执行、履行直至终止的全过程，构成了一个完整的合同管理项目。在今天，合同管理不再是一个简单的文档管理工作，而是涉及法律、财务、业务等多个方面的综合性管理业务。具体而言，合同管理的基本流程如下。

第三章 合同管理与风险管理的双重保障

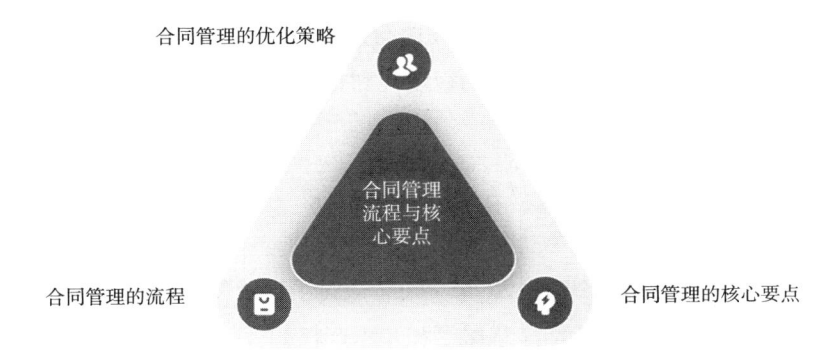

图 3-1 合同管理流程与核心要点

1. 合同洽谈

合同管理流程的起点是合同洽谈。在这一阶段，合作双方会就条款、条件、权益保障等关键内容进行深入交流，以确保双方的需求和期望能够达成一致。在洽谈过程中，合同的合法性、公平性和可行性是双方需要重点考虑的内容，并尽可能避免潜在的风险和纠纷。

2. 合同签订

接下来是合同的签订阶段。在签订合同时，双方需要仔细审查合同的内容，确保合同的条款清晰、明确、无歧义。同时，双方还需要注意合同的格式、签名、盖章等要素，这样才能够保证合同的法律效力。此外，对于涉及金额较大、风险较高的合同，建议双方进行专业的法律咨询，以确保合同的合法性和合规性。

3. 合同执行与履行

合同签订后，就进入了合同的执行与履行阶段。在这一阶段，双方需要按照合同的约定，各自履行自己的义务和责任。同时，双方还需要保持良好的沟通，及时交流合同执行过程中的问题和困难，并共同寻求解决方案。此外，对于涉及多方合作的合同，我们可能需要建立协调机制，确保各方能够协同工作，共同推进项目的进展。

在合同的执行和履行过程中，合同管理还包括了对合同的监督和管理。在此期间，我们需要对合同的履行情况进行定期检查和评估，以确保合同能够得到有效的执行和履行。同时，对于合同履行过程中出现的问题和纠纷，我们更需要及时协调和解决，以维护合同的稳定性和企业的利益。

4. 合同终止

当合同约定的期限到达或双方协商决定提前终止合同时，就进入了合同的终止阶段。在终止合同时，双方需要按照合同的约定进行清算和结算工作，确保合同的善后工作能够得到妥善处理。同时，对于涉及知识产权、保密义务等敏感问题的合同，还需要特别注意保密和知识产权的保护工作。

二、合同管理的核心要点

合同管理直接关系到企业的经济效益和运营稳定，它涉及采购、销售、人力资源等多个环节。因此，深入理解和把握合同管理的核心要点，可以帮助我们有效增强企业竞争力、准确防范法律风险。

1. 明确合同的目的和性质

在签订任何合同之前，企业都需要明确合同的目的和性质，以便在后续的履行过程中能够准确把握双方的权利和义务。同时，这也有助于企业在制定合同条款时更加具有针对性和可操作性。

2. 注重合同条款的审查与修改

合同条款是合同管理的关键内容，它规定了双方的权利和义务，直接影响到合同的履行效果。因此，我们在签订合同时，应当严格地审查和修改合同内容，确保合同条款的合法性、合规性和公平性。

3. 加强对合同履行过程的监督和管理

合同履行是合同管理的核心环节，直接关系到企业的经济效益和运营稳定。因此，为了能够对合同履行过程进行实时监控，及时发现并处理合同履行过程中出现的问题，确保合同能够得到有效履行，企业有必要建立完善的合同履行监督和管理机制。

4. 不可忽视风险管理

在合同管理过程中，风险管理必须被重视，合同风险包括法律风险、财务风险和运营风险等，这些风险的存在可能会对企业的运营和效益产生不良影响。因此，我们可以从建立健全的风险管理机制入手，应用风险识别、评估和监控等手段，有效预防和应对合同风险。

5.借助现代化技术手段

合同管理还可以合理借助现代化的技术手段，比如信息化系统、大数据等，提升合同管理的效率和准确性。这些技术手段可以帮助企业实现对合同的全面管理，其作用体现在合同的签订、审批、履行、归档等各个环节，旨在提高企业的管理水平和竞争力。

三、合同管理的优化策略

> **案 例**
>
> 某大型制造业企业，在合同管理方面一直面临诸多挑战。由于合同管理流程烦琐、信息不对称及部门间沟通不畅等问题，合同执行效率低下，甚至出现了合同纠纷。为了改善这一状况，企业决定对合同管理进行优化。
>
> 在优化策略的制定过程中，企业首先明确了合同管理的目标和原则。他们希望通过优化流程、提升信息透明度及加强部门间沟通，实现合同管理的高效、规范和安全。在此基础上，企业采取了以下具体的优化措施：
>
> 1.简化了合同管理流程
>
> 他们通过重新设计审批流程、缩短审批时间及优化合同签订和执行等环节，有效提高了合同管理效率。同时，他们还引入了电子化的合同管理系统，实现了合同的在线存储、查询和修改，进一步提升了合同管理的便捷性。
>
> 2.加强了信息透明度的建设
>
> 他们建立了信息共享平台，使得合同的签订、执行和变更信息能够及时、准确地传递给相关部门和人员。这不仅有助于避免信息不对

> 称导致的风险,还能提高各部门之间的协作效率。
>
> 3.注重加强部门间的沟通与协作
>
> 他们定期组织合同管理的培训和交流会议,加强各部门之间的沟通和理解。此外,他们还建立了跨部门的工作小组,共同负责合同管理的相关事宜,进一步提高了合同管理的协同性和整体性。

通过这个案例,我们可以看到合同管理的优化策略在实际操作中的具体运用和效果。通过简化流程、提升信息透明度和加强部门间沟通,企业成功实现了合同管理的优化,既提高了管理效率,又降低了运营风险。

然而,我们也应该意识到合同管理的优化并非一蹴而就的过程。市场环境会变化,企业规模会扩大,这些都使得合同管理面临的挑战不会一成不变。因此,企业需要持续关注合同管理领域的发展动态,不断调整和优化管理策略,以适应不断变化的市场环境和企业需求。

第二节 风险识别与评估:洞察合同潜在危机

涉及企业运营与发展,都避不开一个话题——风险,同样地,在合同中也潜藏着不少的风险,如果不加以防范,迟早会产生不好的影响。因此,深入进行风险识别与评估,成为确保合同安全、保障双方权益的关键步骤。那么,我们便需要对如何进行风险识别与评估展开分析与了解,如图3-2所示。

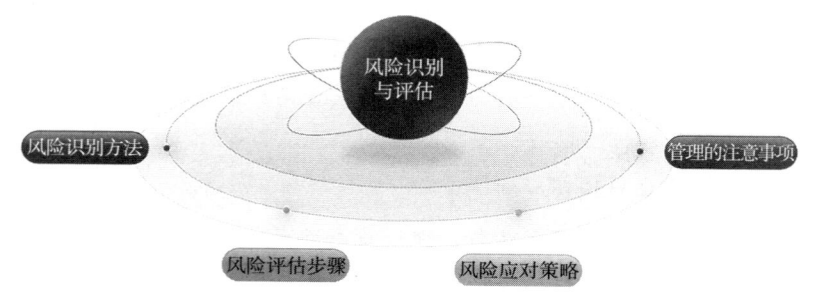

图3-2 风险识别与评估

一、风险识别方法

风险识别在企业经营过程中至关重要，无论是在合同的签订还是履行阶段同样如此。为了全面、准确地识别风险，我们需要选择和应用合适的风险识别方法。以下是一些常用的风险识别方法。

1. 分析合同条款及其变更历史

合同条款是企业双方共同遵守的准则，其中包含了各种权利、义务和责任。因此，仔细分析合同条款及其变更历史，是识别潜在风险的首要步骤。在分析合同条款时，我们需要重点关注关键条款，比如违约责任、争议解决方式等，因为这些条款往往涉及重大的经济风险。同时，了解合同的变更历史也有助于掌握双方对合同内容的协商和修改情况，从而更加准确地评估风险。

2. 审查合同双方的权利义务

合同双方的权利义务是合同履行的基础。因此，在风险识别过程中，企业需要对合同双方的权利义务进行全面、细致的审查。通过对比和分析双方的权利义务，可以发现可能存在的权益失衡、责任不清等问题，从而预测和评估潜在的风险。

3. 识别合同履行过程中的潜在风险点

合同履行过程是一个动态的过程，其中可能随时出现新的风险点。为了及时识别和应对这些风险，合同履行的各个环节都需要被关注，并对其进行全面的评估。在识别潜在风险点时，我们可以重点关注合同履行过程中的时间节点、关键事件及双方的沟通情况等，从而及时发现并应对可能出现的风险。

4. 借助专业工具或软件进行风险扫描

越来越多的专业工具和软件被应用到合同风险识别中，比如我们可以利用大数据、人工智能等技术手段，对合同条款、历史数据等进行快速、准确的扫描和分析，从而帮助企业快速识别潜在的风险。通过借助这些专业工具或软件，企业可以更加高效地进行风险识别，进而降低遗漏风险的可能性。

二、风险评估步骤

在合同管理中，风险评估是一项重要的工作，它有助于我们识别可能威胁合同履行的各种风险，并制定相应的应对策略。因此，对于注重合同管理的企业来说，掌握这一核心技能，可以精准识别与评估合同风险，确保合同的顺利履行，进而实现企业的长期稳定发展。

1. 确定风险评估指标和权重

在合同管理领域，风险评估指标包括合同履行能力、合同变更可能性、违约风险等多个方面。对于每个指标，企业都需要根据其对合同履行的重要程度赋予相应的权重。这些权重可以作为后续分析的基础，帮助企业更加准确地评估风险。

2. 对风险进行定性与定量分析

定性分析主要是描述风险的性质和特点，比如风险来源、影响范围等。定量分析则是通过数据收集和统计分析，对风险进行量化评估。比如，我们可以收集过去类似合同的违约率、纠纷解决时间等数据，来评估当前合同的违约风险和纠纷解决成本。

3. 比较不同风险的可能性与影响程度

在评估风险发生的可能性和影响程度时，概率论、统计学等方法都可以供企业选择和运用。对于可能性，企业则可以根据历史数据和专家意见展开估计。对于影响程度，我们则需要结合合同条款、违约责任等因素进行综合考虑。通过比较不同风险的可能性和影响程度，企业就可以初步判断风险的大小和严重程度。

4. 划分风险等级并确定优先处理顺序

风险等级可以根据可能性和影响程度的乘积进行划分，将风险分为高、中、低等不同等级。对于高风险，企业需要高度重视并制定相应的风险应对措施；对于中、低风险，则可以适当关注并采取相应的预防措施。同时，企业还需要根据实际情况确定风险处理的优先级，让资源能够被合理分配和有效利用。

案 例

某科技公司在签署一份大型供应链合同时，决定进行全面而深入的风险评估。

在合同签订前，公司风险评估团队对供应商的财务状况、技术实力、市场声誉等进行了详细调查，并预测了可能出现的交货延迟、质量不达标等风险。基于这些评估结果，公司在合同中增加了针对风险的违约金条款，并对关键节点设定了严格的验收标准。

合同履行过程中，公司风险评估团队定期与供应商和业务部门进行沟通，及时跟进订单进度，确保供应商按照合同要求执行。当发现供应商在某一环节存在潜在风险时，公司迅速调整应对策略，与供应商协商解决方案，避免了风险扩大。

合同结束后，公司风险评估团队对本次合同的风险管理进行了总结和分析，发现了一些在风险评估和应对中的不足，并提出了改进措施。这些经验教训为后续合同的签订和履行提供了宝贵的参考。

通过这个案例，我们可以看出风险评估在合同管理过程中的重要性，而除了掌握风险评估的基本步骤外，有关合同管理中的风险评估，我们还需要注意以下几点。

（1）风险评估应贯穿于合同管理的全过程。在合同签订前，我们需要对潜在的风险进行充分评估；在合同履行过程中，我们需要密切关注风险的变化并及时调整应对策略；在合同结束后，我们还需要对风险进行总结和分析，以便为未来的合同管理提供经验和教训。

（2）风险评估需要与合同管理和业务部门的沟通和协作相结合。风险评估团队需要与合同管理部门保持密切联系，及时了解合同履行的实际情况和遇到的问题。同时，我们还需要与业务部门进行沟通，了解他们的需求和关注点，以便在风险评估中更加准确地把握风险点和应对措施。

（3）可以利用现代科技手段提高风险评估的效率和准确性。比如，我们可以利用大数据分析和人工智能技术对风险进行自动识别和预警；利用区块链技术确保合同信息的真实性和完整性等。这些技术的应用可以帮助我们更加有效地进行风险评估和管理。

三、风险应对策略

有效的风险应对策略可以帮助企业在合作过程中规避、减轻、转移或接受风险，从而顺利推动项目的进程。在合同管理中，企业还需要根据具体情况选择合适的应对策略，并在合作过程中加强风险管理和监控，确保项目的顺利进行。

四、管理的注意事项

企业在执行合同风险管理的过程中，必须时刻关注每一个环节，力求万无一失。以下是几个关键的注意事项，我们需要做到高度关注。

1. 充分了解合同双方的情况和背景

在签订合同之前，我们需要全面调查对方的资质、信誉、经营状况等方面信息。这有利于我们识别潜在的风险因素，为制定风险防范措施提供依据。同时，了解对方在行业中的地位和影响力也很有必要，它能帮助我们准确判断合作关系的稳定性和可持续性。

2. 注重合同条款的严谨性和可操作性

合同条款应明确、具体、完整，尽量避免使用模糊、歧义的表述方式。在约定合同义务和违约责任时，我们必须注重细节，应该充分考虑和预测可能出现的各种情况。此外，合同条款还应具备可操作性，以便于在实际履行过程中进行监督和检查。

3. 加强合同履行的监督和检查

企业和个人都应该建立健全的合同履行监督机制，利用该机制对合同履行过程进行定期检查和评估。一旦发现合同履行存在问题或潜在风险，我们才可以及时采取措施予以纠正或防范。同时，还应加强与对方的沟通协作，共同推动合同顺利履行。

4.建立完善的风险管理制度和流程

企业应该建立一套科学、合理、有效的风险管理制度，包括风险识别、评估、预警和应对等环节。通过制定详细的风险管理流程，我们可以明确各部门和人员的职责和权限，进而确保风险管理工作得到全面落实和执行。此外，定期开展风险管理培训也是不错的方式，这样做可以提高员工的风险意识和应对能力。

第三节　合同履行监控：确保过程无虞，及时调整策略

在合同履行的过程中，缺乏有效的监控机制，可能会导致合同不能顺利被执行。通过合同履行监控，企业能够及时发现并处理可能出现的问题，从而保障双方权益不受损害。因此，我们应该对合同履行监控的重要性、监控方法及如何根据监控结果调整策略等方面进行深入探讨，如图3-3所示。

合同履行监控：确保过程无虞，及时调整策略

1. 合同履行监控的意义与目标

2. 合同履行监控的方法与工具

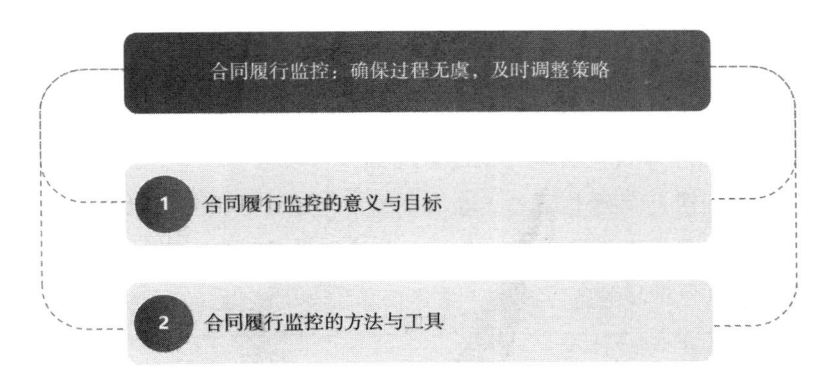

图3-3　合同履行监控

一、合同履行监控的意义与目标

在合同履行的过程中，监控是确保合同能够按照约定的条款和条件得以有效执行的关键环节。合同履行监控的重要性不仅体现在其对合同履行的直接影响上，还在于它在项目管理中所承担的角色，以及对风险控制和策略调整展现的深远作用。

1. 合同履行监控的重要性和目的

合同作为双方协商一致达成的法律文件，能够规范双方权利和义务。然而，在实际操作中，合同履行过程中可能会由于各种原因出现诸多风险和问题。比如，一方未按照合同约定的时间、地点和方式履行义务，或者履行过程中出现质量问题等。这些问题如果不及时发现和处理，可能会导致交易双方的利益受到损害。因此，通过对合同履行过程进行监控，可以及时锁定并解决潜在问题，通过降低风险来保障双方权益。

合同履行监控的目的也是多方面的。一方面，监控可以确保合同得到正确执行。在合同履行过程中，双方需要遵守合同条款，按照约定的方式完成各自的义务。实时监控合同履行情况，我们就可以保证双方均能按照合同要求行事，避免违约行为的发生。另一方面，监控还有助于提高合同履行的效率。通过监控合同履行进度、质量等方面的情况，双方可以及时调整策略和计划，确保合同按时、按质完成。此外，合同履行监控还可以作为双方沟通和协商的依据，促进双方的信任与合作。

> **案　例**
>
> 某公司在与供应商签订采购合同后，对供应商的生产进度、产品质量等方面进行了严格监控。在合同履行过程中，该公司发现供应商在生产过程中存在质量问题，并及时与供应商进行了沟通。经过协商，供应商对生产过程进行了改进，最终确保了合同按时、按质完成。

这一案例充分说明了合同履行监控不仅可以保障双方权益，还能够提高合同履行效率。

除了实际案例外，相关的研究数据和统计报告也可以进一步论证合同履行监控的重要性。比如，根据相关统计数据显示，在合同履行过程中进行有效的监控，可以显著降低违约率，提高合同履行率。

2. 合同履行监控在项目管理中的作用

合同履行监控的重要作用体现在诸多层面，我们以项目管理为例，进一步探究其重要性。

（1）确保项目按照预定的目标、范围和进度进行。在项目启动阶段，项目团队与各方签订合同，明确了项目的各项要求和责任。合同履行监控则是通过定期检查、对比和分析实际执行情况与合同要求之间的差异，来确保项目按照既定目标进行。这样的助力下，我们就可以及时发现并解决问题，避免项目偏离预定的轨道。

（2）提高项目的质量。在项目执行过程中，项目团队需要确保各项工作符合合同要求和质量标准。通过合同履行监控，我们可以准确快速地发现质量问题，并采取有效的纠正措施。同时，监控过程还会对项目的关键环节和关键节点进行重点关注，这样能够保证项目的整体质量。

（3）降低项目风险。在项目实施过程中，企业可能会遇到各种不可预见的风险和挑战。通过合同履行监控，我们可以及时发现并评估潜在的风险，制定相应的风险应对措施。这有助于降低项目的风险水平，提高项目的成功率。

为了有效地进行合同履行监控，项目团队需要采取一系列策略。首先，明确监控的目标和内容，可以制订详细的监控计划和时间表。其次，建立有效的沟通机制，可以确保项目团队与各方之间的信息畅通。此外，利用现代化的项目管理工具和技术，可以提高监控的效率和准确性。

3. 合同履行监控对于风险控制和策略调整的重要意义

合同履行过程是企业经营活动中的关键环节，它不仅关乎企业与客户之间的信任与合作，更是影响企业经济效益和市场声誉的重要因素。因此，建立有效的合同履行监控机制，对于及时发现并应对潜在风险、保障合同顺利执行具有至关重要的作用。同时，通过实时监控合同履行情况，企业还可以根据实际进展灵活调整策略，确保项目目标的实现。

案 例

A企业为了保障合同履行的顺利进行，降低合同履行过程中的风险，实施了系列合同履行监控措施。

首先，A企业建立了完善的合同管理制度和流程。制度明确了合同的签订、履行、变更和解除等各个环节的具体操作要求，规定了合同管理的责任人和相关部门。流程则详细描述了合同履行的各个步骤和时间节点，确保各项工作有序推进。

在合同履行过程中，A企业注重实时监控。通过利用现代信息技术手段，如大数据分析和云计算，A企业能够实时收集和分析合同履行过程中的数据，包括进度、成本和质量等方面的信息。这使得企业能够及时发现并解决合同履行中的问题，有效降低了风险。

以某份重要的合同执行为例，当A企业发现产品交付进度出现了延迟时，通过对数据的深入分析，企业发现是由于供应链环节出现了问题。于是，A企业立即启动了风险应对机制，与供应商进行了紧急沟通，并采取了相应的补救措施。最终，A企业成功按时交付了产品，避免了因违约带来的损失。

此外，A企业极为重视合同履行监控结果的应用。通过对合同履行情况的深入分析和总结，该企业不断调整和优化自身的策略和管理模式。比如，A企业在分析合同履行数据时发现，某些环节的成本过高，影响了企业的盈利能力。于是，企业针对这些环节进行了成本优化和流程改进，有效提高了企业的经济效益。

通过实施合同履行监控措施，A企业不仅降低了合同履行过程中的风险，还提升了企业的管理水平和市场竞争力。这充分证明了合同履行监控在风险控制和策略调整中的重要作用。

经过对上述案例的剖析，我们不难发现，合同履行监控在风险控制和策略调整方面同样发挥着重要的作用，具体表现在以下方面。

（1）合同履行监控是风险控制的关键环节。合同是双方或多方在平等、自愿、公平和诚实信用的基础上，为实现一定的目的而达成的协议。然而，在实际履行过程中，由于各种因素的影响，可能会出现合同违约、履行不力等风险。这些风险一旦发生，不仅可能损害企业的经济利益，还会对企业的声誉和信誉造成严重影响。因此，对合同履行过程进行实时监控，我们必须采取正确地措施及时发现并处理潜在的风险，进而确保企业利益的最大化。

合同履行监控的过程中，需要重点关注合同履行的进度、质量、成本等方面。通过定期的进度检查和阶段性的质量评估，可以确保合同按照约定的时间和标准完成。同时，对成本进行实时监控，可以帮助我们避免浪费和损失。当发现合同履行出现异常情况时，企业立即启动风险应对机制，及时与对方沟通协商，寻求解决方案，防止风险进一步扩大。

（2）合同履行监控有助于企业策略的调整和优化。合同履行过程中，企业可能会面临各种市场变化和竞争压力。通过对合同履行情况的深入分析，企业可以及时了解市场动态和客户需求，从而对现有的策略进行调整和优化。比如，一旦发现合同履行过程中存在某个环节的成本过高或效率较低，我们就可以考虑改进该环节的管理和操作流程，降低成本，提高效率。此外，通过合同履行监控，企业还可以了解竞争对手的动态和优势，进而调整自身的竞争策略，保持市场竞争力。

在合同履行监控的实践中，企业可以采用多种手段和方法。第一，建立健全的合同管理制度和流程，其可以明确各部门和人员的职责和权限，确保合同履行监控工作的有序进行。第二，利用现代信息技术手段，如大数据分析、云计算等，对合同履行情况进行实时监控和数据分析，可以有效提高监控的准确性和效率。第三，委托专业的第三方机构进行合同履行监控，因为对方的经验丰富、能力出众，我们往往可以获得更客观、更专业的评估和建议。

二、合同履行监控的方法与工具

针对合同履行监控的方法与工具，我们可以从传统和现代两个方面进行详细了解，并对比分析它们的优缺点。

1. 传统方法与工具

（1）人工跟踪。人工跟踪是一种传统的合同履行监控方法，它主要依靠合同管理人员通过查阅相关文档、邮件、会议记录等信息，了解合同履行的进度和状况。这种方法虽然简单直接，但存在效率低下、容易出错等缺点。

特别是在合同履行涉及多个部门和环节时,人工跟踪的难度和复杂性将显著增加。

（2）文档记录。文档记录是另一种传统的合同履行监控工具。合同管理人员能够通过记录合同履行过程中的重要事件、变更、问题等,形成一套完整的文档资料,以供后续分析和总结。然而,文档记录也有一定的缺点,其在于难以进行实时更新和共享,且容易出现信息不一致的情况。

2.现代方法与工具

（1）数字化平台。数字化平台通过集成合同管理、流程控制、数据分析等功能,可以实现对合同履行过程的全面监控和管理。引入该平台后,我们不仅可以提高监控效率,减少人为错误,还可以让信息共享和协作变得更加便捷。

（2）智能监控系统。智能监控系统是近年来兴起的一种合同履行监控工具,其运用人工智能、大数据等技术,对合同履行过程进行实时分析和预警。智能监控系统能够自动识别合同履行中的异常情况,并及时通知相关人员进行处理。

3.对比分析

传统方法与工具在合同履行监控中具有一定的优势,如操作简便、成本较低等。然而,它们也存在明显的缺点,如效率低下、信息不一致等。相比之下,现代方法与工具更具有使用价值。

然而,现代方法与工具也存在一定的挑战和限制。如数字化平台的建设和维护需要投入大量的人力、物力和财力；智能监控系统的准确性和可靠性也需要得到进一步的验证和提升。因此,在选择合同履行监控方法与工具时,企业还是需要根据自身的实际情况和需求进行综合考虑,并不是先进的就一定最好、最合适。

第四节　纠纷处理与经验总结：智慧应对，积累经验

在合同履行过程中,不可避免地会面临各种复杂纷繁的纠纷和争议。这些

纠纷和争议可能源于合同条款的模糊、执行过程中的误解或疏漏，甚至可能是由外部环境的突然变化引起的。如何处理这些纠纷和争议，无疑是对企业法律素养和智慧管理能力的双重考验。面对严峻的考验，企业必须学会应对纠纷，并总结有用经验，如图3-4所示。

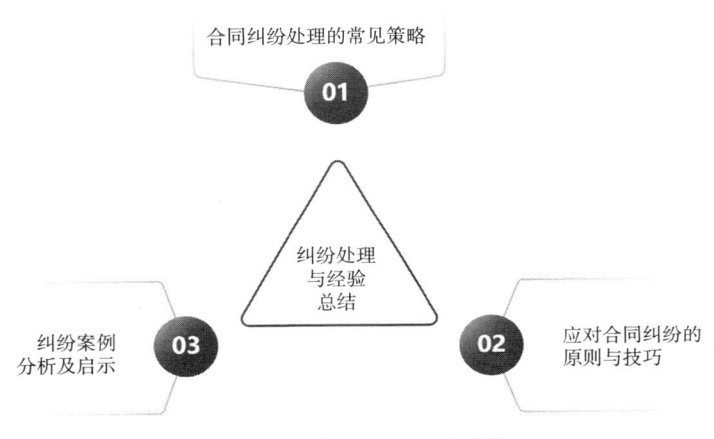

图3-4 纠纷处理与经验总结

一、合同纠纷处理的常见策略

合同纠纷可能涉及合同履行、违约责任、合同解除等多个方面。这些纠纷的产生往往源于合同条款不明确、合同履行不当、违约行为等。因此，在处理合同纠纷时，我们首先要做的是对纠纷的性质进行准确判断，以便采取合适的策略。

1. 协商谈判策略

协商谈判是解决合同纠纷的首选策略。通过协商谈判，双方可以就争议问题进行充分沟通，寻求双方都能接受的解决方案。在协商过程中，企业既需要充分了解自身的权益和诉求，同时也要尊重对方的意见，想要促成合作就必须寻求共赢的结果。如果双方能够达成和解协议，就可以有效避免诉讼带来的时间和成本损失。

2. 调解策略

当协商谈判无法取得预期效果时,我们便可以考虑采用调解策略。调解通常由第三方中立机构或个人主持,协助双方就争议问题进行协商。调解过程中,调解人会根据双方的情况和纠纷的性质,提出合理的调解方案。通过调解,双方大多可以在保持友好关系的基础上,达成妥善解决纠纷的协议。

3. 仲裁策略

仲裁是一种更具法律效力的纠纷解决方式。当双方无法通过协商或调解解决纠纷时,可以约定将纠纷提交仲裁机构进行裁决。仲裁裁决具有强制执行力,双方必须遵守。因此,在选择仲裁策略时,我们必须充分了解仲裁机构的信誉和实力,要严格保证仲裁结果的公正性和权威性。

4. 诉讼策略

诉讼是最后一种解决合同纠纷的方式。当其他方式无法有效解决问题时,企业可以考虑向法院提起诉讼。在诉讼过程中,一般需要准备好充分的证据材料,聘请专业的律师代理诉讼。然而,诉讼过程往往耗时耗力,且结果具有不确定性,因此多数企业不到迫不得已是不会选择该方式的,即便是选择也必须经过深思熟虑。

二、应对合同纠纷的原则与技巧

在商业领域中,合同纠纷是一种常见的法律问题。对于企业和个人而言,了解并掌握应对合同纠纷的技巧和原则很有必要。

1. 应对合同纠纷的基本原则

在处理合同纠纷时,企业应始终恪守合法、公平、诚实信用的基本原则。这代表着企业必须以法律法规为坚实后盾,严格遵守商业道德和职业操守,运用合法途径切实捍卫自身权益。此外,我们更应该保持冷静理智、客观公正的态度,避免被情绪干扰正确的决策与判断,要以理性且成熟的方式妥善解决问题。

2.应对合同纠纷的具体技巧

（1）企业应该对合同条款进行细致解读。了解合同的具体内容、权利义务及违约责任等条款，有助于企业在纠纷发生时迅速找到问题所在，缩减解决问题时间的同时为其提供有力依据。

（2）当发生合同纠纷时，企业应积极尝试与对方进行沟通协商。通过友好、坦诚的对话，我们很有可能会找到双方都能接受的解决方案。在沟通过程中，企业应尊重对方的意见和权益，寻求互利共赢的结果。

此外，当沟通协商无法解决问题时，企业可以考虑通过法律途径进行维权。在这个过程中，一定要寻求专业律师的帮助，不能为了减少成本输出而敷衍选择，在了解相关法律规定和程序后，我们才能在诉讼或仲裁过程中更好地维护自身权益。

总的来说，沟通协商必然是一个应对合同纠纷的良策，根据近年来的司法实践数据，通过友好协商解决合同纠纷的成功率远高于通过诉讼或仲裁解决。

再比如，某个企业与客户因合同条款理解不同而产生纠纷，通过双方耐心沟通，最终达成了共识并解决了问题。这个案例就向我们生动地展示了细致解读合同条款和积极沟通协商在解决合同纠纷中的实际应用。

三、纠纷案例分析及启示

通过对纠纷相关案例进行深入的分析和反思，企业不仅可以更好地理解法律条文背后的精神实质，还能从中汲取宝贵的启示。

案例

案例一：合同纠纷

双方因为合同条款的模糊性产生了严重的分歧。甲方认为合同中某一条款意味着其享有某项权益，而乙方则持相反观点。这起纠纷的出现，正是由于双方在合同签订之初未能充分明确各自的权益和义务。

启示：在签订合同时，务必确保条款的清晰明确，避免使用模糊不清的措辞，以免日后产生不必要的纠纷。

> **案 例**
>
> ### 案例二：知识产权侵权
>
> 被告未经原告许可，擅自使用了原告的专利技术，直接导致了原告的经济损失。原告的技术创新，凝结了他们的智慧和辛勤劳动，然而，被告却未经任何授权或协商，私自运用了原告的专利技术，进而在市场中取得了不应得的经济利益，这显然是对原告合法权益的严重侵害。

启示：我们在日常工作和生活中，应该尊重他人的知识产权，避免侵犯他人的合法权益。同时，我们也应该加强自身的知识产权保护意识，积极维护自己的合法权益。

> **案 例**
>
> ### 案例三：劳动争议
>
> 某员工在日常工作中表现尤为突出，勤奋刻苦且敬业尽职，常常自发地主动加班以确保公司的任务得以圆满完成。然而，在经过一段时间的辛勤付出后，他意外地发现公司并未按照双方事先约定的标准，支付给他应得的加班费，这一发现导致他与公司之间产生了劳务纠纷。

启示：作为用人单位，应该严格遵守国家法律法规，保障员工的合法权益；而作为劳动者，也应该了解自身的权益和义务，敢于维护自己的合法权益。

第四章　财务管理的核心力量与智慧策略

现代企业管理中，财务管理不仅是企业运营的基础，更是企业战略的核心支柱。它不仅关乎企业的资金流转和盈利能力，更涉及企业的风险控制和未来发展。财务管理的核心力量，在于其能够通过对资金的合理配置和有效运用，为企业创造最大的价值。

智慧策略则是财务管理在复杂多变的市场环境中，应对各种挑战和机遇的重要手段。它要求财务管理者不仅要具备扎实的专业知识和丰富的实践经验，更要有敏锐的市场洞察力和战略思维。通过制定科学合理的财务策略，企业可以在激烈的市场竞争中立于不败之地，实现可持续发展。

第一节　财务管理——企业战略的核心支柱

财务管理并非仅仅局限于资金的筹措与运用，而是企业整体战略得以有效实施和持续发展的核心助力。因此，我们有必要深入挖掘财务管理的丰富内涵，从多元视角展现了解其在企业战略中的核心地位与独特价值，如图 4-1 所示，从而为合理合规的智慧管理提供财务方面的信息保障。

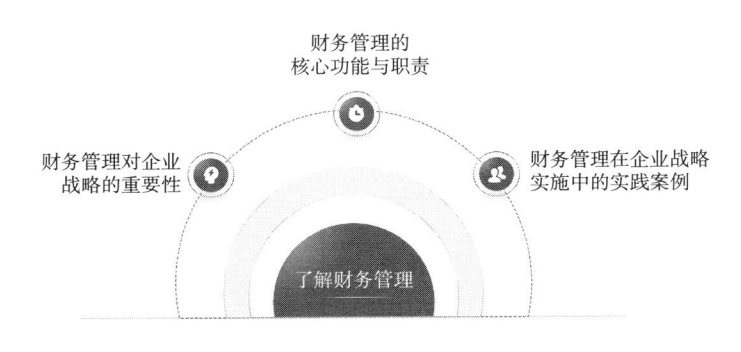

图 4-1　了解财务管理

一、财务管理对企业战略的重要性

深度剖析财务管理的内涵,有助于企业更好地明确发展目标,实现长期稳定的发展。面对这一形势,我们必须高度重视并深刻理解财务管理的战略定位。

1.财务管理的战略定位

企业的财务管理不再是传统认知中的账目处理与资金调配,而是逐渐转变为一种具有战略意义的资源管理工具。其战略定位不仅关乎企业内部的资金运作,更在于它能够支撑企业完成战略实施,提升竞争力。

(1)支撑企业战略实施。企业战略是企业为实现长远发展而制定的全局性、长远性的规划,涉及市场定位、产品策略、组织结构、资源配置等多个方面内容。财务管理需要紧密围绕企业战略,只有进行合理的资金筹措、分配与运用,企业战略才能够有效实施。比如,在制定扩张战略时,财务管理部门可以积极寻求外部融资,为企业的市场拓展提供资金支持;在推行成本控制战略时,则可以通过预算管理、成本核算等手段,确保企业成本的合理降低。

(2)提升企业的竞争力。财务管理通过优化资源配置、降低财务风险、提升资金效率等手段,可以帮助企业在市场竞争中占据优势地位。具体来说,财务管理部门可以通过对市场趋势的分析,为企业的投资决策提供有力支持;通过合理的税务筹划,还可以降低企业的税负压力;通过强化内部控制,则能够提升企业的风险防范能力。这些举措都有助于提升企业的整体竞争力,让企业即便面对再大的竞争压力也能够保持稳定发展的节奏。

(3)关注企业的可持续发展。财务管理部门需要在保证企业经济效益的同时,兼顾社会责任和环境保护。比如,在投资决策中,充分考虑项目的环境影响和社会效益;在资金管理过程中,积极倡导绿色金融,推动企业的绿色转型。这样不仅可以提升企业的社会形象,还可以增强企业的品牌影响力和市场竞争力。

2.财务管理的重要性

财务管理的重要性不仅体现在优化资源配置上,更体现在提升经济效益上。当我们意识到市场竞争压力在变大的时候,企业就必须高度重视财务管理工作，这样才能更好地适应市场变化，实现可持续发展。

（1）优化资源配置。企业资源有限，如何合理分配资源，使其发挥最大效用，是财务管理的重要任务之一。通过科学的财务管理，企业可以制定明确的经营策略，对各项支出进行严格的预算和审核，确保资源得到合理的分配和利用。此外，财务管理还可以通过精细化的成本控制，降低运营成本，提高企业的竞争力。

（2）提升经济效益。经济效益是企业追求的目标之一，也是评价企业成功与否的重要标准。财务管理通过制订合理的财务计划和预算，对企业经营活动进行实时监控和调整，以确保企业经济效益的最大化。同时，财务管理还可以对企业财务状况进行全面的分析，进而为决策者提供有价值的决策依据，助力企业抓住市场机遇，实现盈利增长。

案 例

某企业原本在运营过程中面临着诸多挑战，如生产流程不够优化、库存成本过高、资金周转率低等问题，这些都导致了企业运营成本居高不下，经济效益难以提升。

然而，在引入财务管理体系后，这家企业犹如找到了解决问题的金钥匙。

首先，通过财务管理体系的引入，企业得以对生产流程进行全面梳理和优化。企业利用财务管理工具，对生产过程中的各个环节进行精细化分析，找出瓶颈和浪费，进而制定出更为高效的生产方案。此外，企业还借助财务管理体系对供应链进行了整合和优化，确保了原材料的稳定供应，降低了因供应链问题导致的生产延误和成本上升。

在库存管理方面，企业利用财务管理工具对库存进行实时监控和预警，确保库存量始终保持在合理水平。这既避免了库存积压导致的资金占用和浪费，又确保了生产所需原材料的及时供应。同时，企业还通过财务管理体系对库存成本进行了精细化核算，找出了降低成本的有效途径。

从上述案例中得知，企业在引入财务管理体系后，通过优化生产流程、降低库存成本、提高资金周转率等措施，可以成功降低企业运营成本，提高经济效益。这充分说明：企业只有不断提高财务管理水平，才能实现可持续、健康的发展。

二、财务管理的核心功能与职责

财务管理的职责包括资金筹措与管理、成本控制与预算管理及财务报告与分析，它们共同构成了企业财务管理的完整框架。

1. 资金筹措与管理

企业为了维持其正常运营和持续发展，需要不断地筹措资金。财务管理人员应根据企业的战略目标、经营计划及市场环境等因素制定合理的筹资计划，明确筹资规模、筹资方式、筹资期限等关键要素，并不断优化融资结构，降低融资成本。在此过程中，财务管理人员还需要关注资金的安全性和流动性，确保资金能够得到有效利用。

2. 成本控制与预算管理

财务管理人员需要通过制定成本预算、实施成本控制等手段，降低企业的成本支出。在预算编制过程中，财务管理人员需要充分考虑企业的实际情况和市场需求，确保预算的合理性和可行性。同时，他们还需要密切关注预算执行情况，及时发现并纠正预算执行中的偏差。此外，财务管理人员还应积极推动成本管理创新，采用先进的成本管理方法和技术，提高企业的成本管控能力。

3. 财务报告与分析

财务报告是企业向内外部利益相关者传递财务信息的重要载体，财务管理人员需要按照相关会计准则和法规要求，编制准确、完整的财务报告。其中包括资产负债表、利润表、现金流量表等主要报表及相关的附注和说明。通过财务报告，内外部利益相关者可以了解企业的财务状况、经营成果和现金流量情况。此外，财务管理人员还需要对财务报告进行深入分析，挖掘财务数据背后的业务实质，为企业的决策提供信息与数据支持。

三、财务管理在企业战略实施中的实践案例

> **案例**

> **案例一：某公司通过财务管理优化资源配置，实现业务快速发展**
>
> 某科技公司在业务扩展过程中，面临资源分配不均、资金利用效率低等问题。为了优化资源配置，提高资金使用效率，公司加强了财务管理在战略实施中的地位。
>
> 首先，公司通过对历史财务数据进行分析，找出了资金流转的瓶颈和关键环节。针对这些问题，公司制定了详细的财务规划，明确了资金使用的优先级和方向。其次，公司加强了预算管理和成本控制，确保每一笔支出都符合战略发展的需要。此外，公司还建立了风险评估和预警机制，及时发现并应对潜在的资金风险。
>
> 通过这一系列财务管理措施的实施，公司成功优化了资源配置，提高了资金利用效率。在业务快速发展的同时，公司保持了良好的财务状况，为未来的战略发展奠定了坚实基础。

> **案例二：某企业运用财务数据进行市场预测，提高市场响应速度**
>
> 某消费品企业为了在激烈的市场竞争中占据优势地位，积极运用财务数据进行市场预测和决策支持。
>
> 企业通过对销售数据、成本数据、库存数据等财务信息进行深入分析和挖掘，发现了市场需求的变化趋势和消费者偏好。基于这些分析结果，制定了针对性的市场策略和产品规划，快速响应市场变化。
>
> 同时，企业还建立了财务预警系统，对可能出现的市场风险进行提前预警和应对。这种基于财务数据的市场预测和决策支持，大大提高了企业的市场响应速度和决策准确性，为企业赢得了宝贵的市场机会。

案例三：某跨国公司通过建立全球财务共享中心，提升财务管理水平

某跨国公司为提高财务管理效率和准确性，决定建立全球财务共享中心。

通过整合各子公司的财务资源和数据，财务共享中心实现了财务信息的集中管理和统一处理。这不仅提高了工作效率，还降低了运营成本。同时，中心还建立了标准化的财务流程和制度，确保全球范围内财务操作的规范性和一致性。

此外，财务共享中心还加强了与其他部门的沟通和协作，为企业提供了更全面、更准确的财务信息。这为企业制定战略决策提供了有力支持，促进了企业的持续发展和创新。

分析以上三个实践案例的内容后，我们可以看到财务管理在企业战略实施中的重要作用。我们可以通过优化资源配置、运用财务数据进行市场预测并建立全球财务共享中心等措施，帮助企业更好地实现战略目标，提升竞争力。

第二节　全面预算管理：精心筹划，确保资源最优配置

全面预算管理强调通过科学的预算编制和执行过程，确保企业资源的最优配置。通过全面预算管理，企业可以实现对生产经营活动的全面控制和监督，从而提高企业的运营效率和管理水平。

案例

F公司作为智能家用设备制造领域的佼佼者，近年来因内部管理不够精细与外部环境的快速变化，其经营业绩呈现下滑趋势。为扭转这一局面，实现提质增效的宏伟目标，公司决定委托笔者为其量身打造一套全面预算管理方案。

笔者深入调研了该公司的整体运营状况，结合行业趋势和市场需求，决定采用关键绩效指标法与经济增加值法等先进的绩效管理工

具，构建一套科学、高效的预算绩效管控体系。

（1）采用趋势分析法，对该公司过去五年的数据进行了深入剖析，旨在验证相关数据的合理性与实际吻合度。在预算方法的选择上，权衡了增量预算法与零基预算法的利弊。若近五年的数据质量上乘，笔者则倾向于采用增量预算法，以大幅减轻工作负担；若数据管理不善，笔者则选择从零开始，运用零基预算法，为日后管理水平的提升奠定坚实基础。经详细分析该公司数据后，笔者发现了过去年度经济活动中存在诸多不合理的费用开支项目。因此，笔者决定要求该公司以零为起点，立足实际需求，对预算期内各项经济活动的合理性进行深入剖析，经过全面平衡后形成年度预算方案。

（2）为确保预算管理的高效运行，笔者建立了完善的预算管理组织体系。董事会作为最高决策机构，负责全面把控预算管理方向；预算管理委员会作为董事会下设机构，具体负责预算管理的各项事务；公司总经理担任预算管理委员会的负责人，对预算管理工作负总责；各经营部门及财务部的分管领导担任执行负责人，确保预算管理的全员参与与责任到人。财务部负责汇总各业务部门的预算数据，形成总预算，并与实际发生情况进行对比分析，严格控制预算数与实际数的差异，实施有效的监控与监督。年度预算方案经预算管理委员会精心编制后，将提交至董事会审批，经审批通过后下达执行。

（3）建立预算编制流程（如图4-2、图4-3所示）。

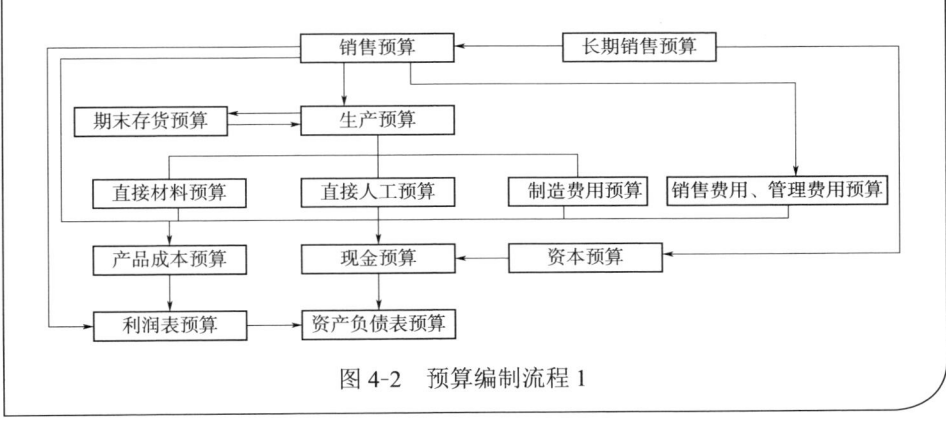

图 4-2 预算编制流程 1

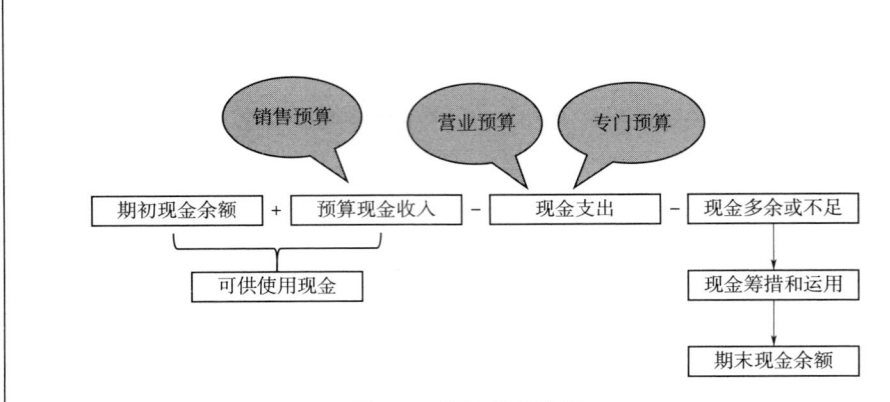

```
        销售预算      营业预算     专门预算

  期初现金余额 + 预算现金收入 − 现金支出 − 现金多余或不足
                                         │
        可供使用现金                    现金筹措和运用
                                         │
                                      期末现金余额
```

图 4-3　预算编制流程 2

（4）建立预算执行和预算考核制度，采用平衡计分卡（如图 4-4 所示）。

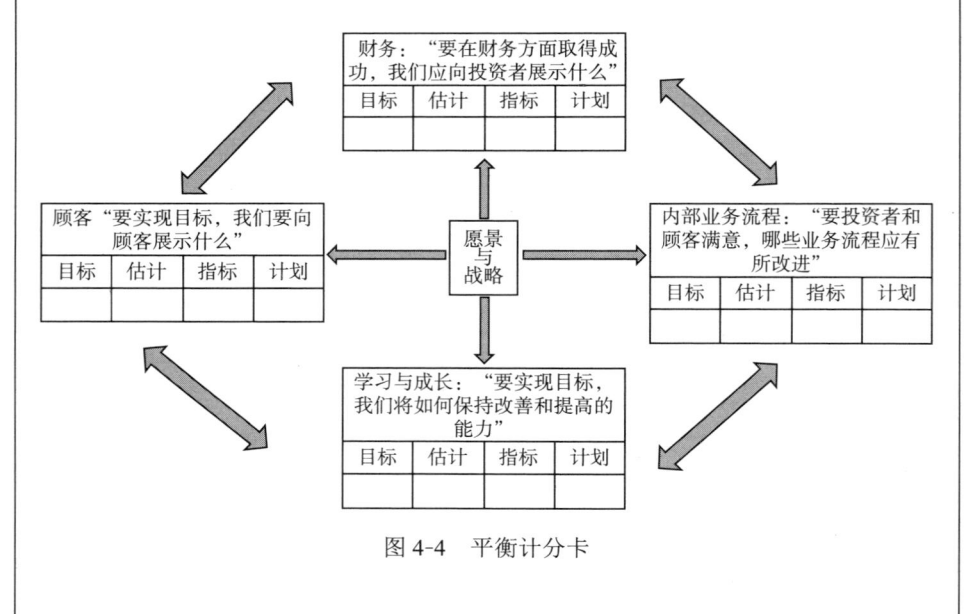

```
                财务："要在财务方面取得成
                功，我们应向投资者展示什么"
                 目标 | 估计 | 指标 | 计划

顾客："要实现目标，我们要向                    内部业务流程："要投资者和
顾客展示什么"              愿景              顾客满意，哪些业务流程应有
 目标|估计|指标|计划        与                所改进"
                          战略                目标|估计|指标|计划

                学习与成长："要实现目标，
                我们将如何保持改善和提高的
                能力"
                 目标 | 估计 | 指标 | 计划
```

图 4-4　平衡计分卡

同时，从不同维度考虑，需要考核的指标各有侧重，见表 4-1。

表 4-1　不同维度的情况说明

维　度	解决问题	常见指标
财务	股东如何看待我们	投资报酬率、权益净利率、经济增加值、息税前利润、自由现金流量、资产负债率、总资产周转率等
顾客	顾客如何看待我们	市场份额、客户满意度、客户获得率、客户保持率、客户获利率、战略客户数量等
内部业务流程	我们的优势是什么	交货及时率、生产负荷率、产品合格率等
学习和成长	我们是否能继续提高并创造价值	新产品开发周期、员工满意度、员工保持率、员工生产率、培训计划完成率、人力资本准备度、信息资本准备度、组织资本准备度等

（5）召开预算管理专题会议，参与人员包括咨询管理公司项目负责人、董事长、公司总经理、各业务部门经理及财务经理。此次会议主要目的是安排部署 2024 年度预算编制工作。相关资料如下：

首先，会议对近五年的相关数据进行了深入研究与分析。经过审议，发现前五年的历史数据中存在一些问题。为了进一步加强公司管理，决定采用零基预算法进行预算管理，但同时也不完全排除历史数据，将坚持历史与实际相结合的原则，以打好"提质增效"攻坚战。针对净利润和经济增加值这两项指标，需要根据市场情况进行重新测算，确保能够完成年度预算目标。对于各项成本费用，将依据当前实际情况，遵循节约原则，严格控制预算。

在预算编制过程中，将以销售预算为起点，按照以销定产的原则确定生产预算。生产预算将细分为直接材料预算、直接人工预算和制造费用预算，由此推算出产品单位成本。之后，将进行各项费用的预算、资本预算和筹资预算的编制工作。各部门完成预算后，将交由财务部门进行资金预算，并最终编制利润表和资产负债表。

鉴于公司产品年度产销量存在较大的不确定性，项目组建议采用弹性预算公式法来编制产品生产成本的年度预算。具体方案为：年度固定成本定为 0.65 亿元，弹性定额为 0.25 万元/件，弹性定额适用的产量为 30 万件至 35 万件。对于除产品成本之外的其他预算数据，则采用滚动预算法进行管理。

近五年的平均财务数据分析报告显示：公司平均实现营业收入51.6亿元，年均增长率为10%；平均实现净利润5.2亿元，年均增长率为5%；平均销售净利率为10%；实现经济增加值2.5亿元，年均增长率为3.12%；管理费用平均为4.8亿元，年均增长率为15%；财务费用平均为0.52亿元，其中利息支出为0.5亿元，年均增长率为12%。

另外，根据相关资料显示，甲公司在考核经济增加值指标时，将研究开发费和利息支出作为会计调整项目。企业所得税税率为25%，年加权平均资本成本为6%。

结合历史数据及公司当前的内外部环境，预算管理方案旨在为企业创造价值，并有效指导公司的运营。因此，在编制2024年预算时，初步将营业收入增长率定为25%，营业收入净利率设定为10.8%。在销售预算确定后，其他各部门的预算工作都应以销售为主导进行。

（6）签订业绩考核目标责任书，考核指标目标值、权重及计分规则（见表4-2、表4-3）。

表4-2 绩效棱柱模型指标体系

评价指标	利益相关者				
	投资者	员工	客户	供应商	监管机构
利益相关者满意评价指标	总资产报销率	员工满意度	客户满意度	逾期付款次数	社会贡献率
	净资产收益率	工资收入增长率	客户投诉率	—	资产保值增值率
	派息率	人均工资	—	—	—
	资产负债率	—	—	—	—
	流动比率	—	—	—	—
企业战略评价指标	可持续增长率	员工职业规划	品牌意识	供应商关系质量	政策法规认知率
	资本结构	员工福利计划	客户增长率	—	企业的环保意识
	研发投入比率	—	—	—	—
业务流程评价指标	标准化流程比率	员工培训有效性	产品合格率	采购合同履约率	环保投入率
	内部控制有效性	培训费用支出率	准时交货率	供应商的稳定性	罚款与销售比率

表 4-3 考核计分规则

考核指标	权重	基本分	最低分	最高分	目标值	计分规则
利润总额	40%	40分	32分	48分	9.18亿元	完成值每超过目标值2%，加1分，最多加基本分的20%。完成值每低于目标值2%，扣1分，最多扣基本分的20%
经济增加值	40%	40分	32分	48分	3.5亿元	完成值每超过目标值1%，加1分，最多加基本分的20%。完成值每低于目标值1%，扣1分，最多扣基本分的20%
资产负债率	10%	10分	8分	12分	81%	完成目标值得12分，每高于目标值0.1个百分点，扣1分，最多扣4分
应收账款周转率	10%	10分	8分	12分	5.8次	完成目标值得12分，每低于目标值0.1个百分点，扣0.5分，最多扣4分

最终，经过多次沟通和协商，我们成功为公司制定了一套全面、科学、可行的预算管理方案。该方案不仅有助于提升公司的管理水平和经营效率，还能为公司的长远发展奠定坚实的基础。

通过深入分析上述案例，我们不难发现，一个合理且正确的全面预算管理方案能够有力促进企业实现可持续发展。

掌握全面预算的基本流程，明确全面预算在财务管理中的智慧性引导作用，已经成为很多企业制定优质方案的先决条件。只有在深入了解并掌握这些要素的基础上，企业才能有效地实施全面预算管理，从而确保企业资源的合理分配、提高经济效益、降低财务风险，实现稳健可持续的发展。

一、全面预算的基本流程

全面预算是一种企业资源管理和规划的重要工具，旨在实现企业的战略目标，提升经济效益和运营效率。其流程包含了从预算编制、审批、执行到调整等多个环节，每个环节都相互作用、相互关联，共同构成了全面预算的基本框架。

1. 预算编制

在这个阶段，企业需要明确其战略目标，并根据目标确定各项预算项目和预算金额。预算编制要求精确细致，我们需要充分考虑市场环境、业务规模、资源状况等多方面因素，以确保预算的合理性和可行性。同时，预算编制还需要遵循一定的原则和标准，如量入为出、收支平衡等，以保证预算的科学性和公正性。

2. 预算审批

企业需要对预算进行层层审批，确保预算符合企业的战略规划和发展目标。审批过程中，需要重点关注预算项目的必要性、预算金额的合理性及预算实施的可行性等方面。对于不符合要求的预算项目，我们就需要及时进行调整或否决，以保证预算的准确性和有效性。

3. 预算执行

在预算执行过程中，企业需要加强预算执行的监督和管理，确保预算按照既定的目标和要求实施。同时，还需要对预算执行情况进行定期的分析和评估，及时发现和解决预算执行中的问题，以确保预算的顺利推进和目标的实现。

4. 预算调整

预算调整要求企业根据实际情况对预算进行及时、合理的修改，以确保预算的适应性和有效性。在预算调整过程中，企业需要充分考虑各种因素，如市场变化、业务需求、资源状况等，以制定科学合理的预算调整方案。

二、全面预算在财务智慧管理中的重要作用

1. 有助于企业制定科学的财务目标

在预算编制过程中，企业需要对自身的经营情况、市场环境、行业竞争态势等进行深入分析，并结合企业的战略目标和发展规划，制定出符合实际且具有可操作性的财务预算目标。这些目标将成为我们日常经营管理的重要指导，推动企业不断向既定目标迈进。

2. 有助于企业实现资源的合理配置

通过预算的编制和执行，企业可以清晰地了解各项经济活动的资金需求、收入预期及可能面临的风险，从而有针对性地安排资金、人力和物力等资源的

投入。这不仅可以确保企业资源的有效利用，还可以提高企业的经济效益和市场竞争力。

3. 有助于企业加强内部控制和风险管理

预算作为企业内部管理的重要工具，可以对各项经济活动的合规性、合理性进行有效监督。同时，通过预算与实际执行情况的对比分析，我们还可以及时发现经营过程中存在的问题和风险，并采取相应的措施进行纠正和防范。这有助于降低企业的经营风险，提高企业的稳健性。

4. 有助于促进企业各部门的协同合作

预算编制和执行需要企业各部门的共同参与和配合，这能够打破部门之间的壁垒，形成合力，共同推动企业的发展。同时，通过预算的考核和激励机制，可以激发员工的积极性和创造力，为企业的发展注入新的活力。

第三节　风险识别与应对：稳健前行，化险为夷

与财务管理相关的风险往往更复杂、更多样，面对这些潜在的风险与挑战，企业必须进行精确的识别、有效的应对。只有具备识别风险的策略与应对风险的能力，企业才可以遇事不慌、迎难而上，保证自身能够实现稳定的发展。因此，企业不仅要学会识别和应对风险，也要重视对风险意识的强化，如图4-5所示。

| 01 风险识别与应对的方法 | 风险识别与应对 | 02 风险意识在财务管理中的重要性 |

图4-5　风险识别与应对

一、风险识别与应对的方法

无论是企业经营、项目投资还是个人生活，我们都需要对风险进行有效的识别与应对。风险识别与应对不仅能够帮助我们避免潜在的损失，还能够在风险来临时，准确及时地采取合理的措施，减轻其带来的负面影响。下面将对风险识别与应对的方法进行详细的探讨。

1. 认识风险识别

风险识别是指通过系统的方法，识别出潜在的风险因素。这个过程需要我们充分了解当前的环境、政策和市场状况，同时还需要考虑未来可能发生的变化。比如，在企业经营中，风险识别可以包括对市场趋势的预测、对竞争对手的分析及对自身经营状况的评估等。

在风险识别过程中，我们还需要借助一些工具和手段，比如风险评估矩阵、态势分析（以下简称 SWOT 分析）等。这些工具和手段可以帮助我们更加全面、深入地了解风险，为后续的风险应对做好准备。

> **案 例**
>
> 在一个软件开发项目中，某项目经理识别潜在风险时，采用了风险评估矩阵和 SWOT 分析两种工具来加深对项目风险的了解。
>
> 首先，项目经理利用风险评估矩阵来评估项目中可能出现的各种风险。风险评估矩阵包含风险发生的概率和影响程度两个维度，项目经理通过这两个维度为每个风险打分，并据此确定风险的优先级。通过这种方式，项目团队能够清晰地看到哪些风险是最需要关注和优先处理的。
>
> 其次，项目经理利用 SWOT 分析来深入了解项目的优势、劣势、机会和威胁。SWOT 分析帮助项目团队识别出内部和外部环境中可能影响项目成功的关键因素。通过 SWOT 分析，项目经理不仅能够识别出潜在的风险点，还能够发掘项目中的优势和机会，为风险应对和项目管理提供更有针对性的策略。
>
> 综合风险评估矩阵和 SWOT 分析的结果，项目经理制订了一套详细的风险应对计划，包括预防措施、缓解策略和应急计划等。这些措施有效地降低了项目风险，提高了项目的成功概率。

2. 了解风险应对

风险应对是指在识别出风险因素后，采取相应的措施来减少风险的发生概率和影响程度。风险应对的方法有很多，常见的包括风险规避、风险转移、风险降低和风险承受等。

风险规避是指通过避免可能带来风险的行为或活动，从而消除风险。比如，在投资时，我们可以选择投资一些风险较小的项目，以避免潜在的投资损失。

风险转移则是将风险转移给其他方来承担，比如我们可以购买保险或与他人合作。

风险降低则是通过一些措施来降低风险的发生概率和影响程度，比如我们需要加强安全管理、提高产品质量等。

风险承受则是在风险发生时，通过承担一定的损失来应对风险，比如面对多种风险时，我们可以对风险进行优先级排序，不得已的时候承担低风险对应的损失。

在实际操作中，我们通常会根据风险的性质和影响程度来选择合适的风险应对方法。同时，我们还需要定期对风险进行重新评估，以确保应对措施的有效性。

二、风险意识在财务管理中的重要性

> **案例**
>
> ### 案例一：某大型制造企业
>
> 某大型制造企业近年来发展迅速，业务规模不断扩大，但在财务管理方面存在风险意识薄弱的问题。企业对于市场风险、信用风险和操作风险等潜在风险缺乏充分的了解和防范。
>
> 一次突如其来的原材料价格波动，导致企业采购成本大幅增加，进而影响了整体利润。同时，由于企业对客户信用评估不足，部分客户拖欠货款，形成坏账，进一步加剧了财务风险。
>
> 这次事件使企业意识到财务管理中的风险问题不容忽视。随后，企业加强了风险意识，建立了完善的风险评估体系，定期对市场风

险、信用风险和操作风险进行监测和分析，从而有效避免了类似事件的再次发生。

案例二：一家初创科技公司

一家初创科技公司正处于快速发展阶段，资金需求量大，但在财务管理方面缺乏经验，风险意识不足。

在融资过程中，公司未能充分评估潜在的投资风险，导致在一轮融资中引入了不合适的投资者。这些投资者不仅未能提供足够的资金支持，还对公司的经营决策产生了负面影响。此外，由于公司对于税务政策了解不足，在税务方面出现了违规情况，受到了相关部门的处罚。

这次经历使公司深刻认识到风险意识在财务管理中的重要性。此后，公司加强了对投资风险和税务风险的防范，积极学习财务管理知识，提升自身风险管理能力。同时，公司也积极寻求与经验丰富的投资机构合作，为公司的稳健发展提供了有力保障。

从上述案例中，我们可以明确一个关键的信息：在财务管理过程中，风险是无法回避的一个因素。因此，强化风险意识是处理风险的最有力策略，然而，强化风险意识对财务管理的重要性分析如下。

1. 风险意识可以让企业在制定财务决策时更加审慎

财务决策往往涉及大量资金的投入与分配，一旦决策失误，很有可能会导致企业面临巨大的经济损失甚至破产。具备风险意识的企业会在决策过程中充分考虑各种潜在的风险因素，避免盲目追求短期利益而忽视长远风险。通过对风险的评估与预测，我们可以制定出更加稳健、合理的财务决策，从而降低财务风险。

2. 风险意识有利于企业提高风险应对能力

在财务管理过程中，企业难免会遇到各种突发情况和挑战，如市场波动、政策变化等。这些因素都可能对企业的财务状况产生不利影响。然而，具备风险意识的企业能够提前识别并应对这些风险，此时我们就可以通过制定应急预案、调整财务策略等手段，减轻风险对企业的影响。同时，企业还可以通过购买保险、寻求外部支持等方式，增强自身抵御风险的能力。

3.风险意识有助于企业加强内部控制与风险管理

内部控制是企业财务管理的重要手段，能够确保企业资金的安全、完整和高效使用。具备风险意识的企业会更加注重内部控制的建设和完善，通过建立健全的财务制度和流程、加强内部审计和监督等手段，可以提高企业的风险防范能力。同时，我们还可以定期对财务风险进行评估和报告，及时发现并解决潜在的问题，确保财务管理工作的顺利进行。

第五章　投资管理与稳健发展的双翼齐飞

企业运营中，投资管理不仅关乎企业的资金运作效率，更是推动企业稳健发展的重要引擎。而稳健发展，则是在确保企业稳定运营的基础上，寻求持续增长和优化的过程。投资管理要求企业具备敏锐的市场洞察力和精准的战略眼光。通过科学的市场调研和分析，企业能够准确把握行业趋势，选择具有潜力的投资项目。同时，结合企业自身的资源和能力，制定合理的投资策略，确保投资项目的顺利实施和回报最大化。这种前瞻性的投资管理，为企业的发展注入了源源不断的动力。稳健发展要求企业在追求增长的同时，注重风险控制和可持续发展。企业需要建立健全的风险管理机制，对投资项目进行全面的风险评估和监控。通过合理的风险分散和规避策略，降低投资风险，确保企业资金的安全和稳定增值。同时，企业还需要关注社会责任和环境保护，积极履行社会义务，提升企业形象和品牌价值，为企业的长远发展奠定坚实基础。

第一节　投资决策：审慎选择，布局未来

如果说实现财税合规与智慧管理是最终目的，那么作出正确的投资决策就是实现该目的过程中关系到企业发展兴亡的一个阶段，具体内容如图 5-1 所示。在这样的情况下，我们必须审慎地把握重要决策的方向，精心策划未来的发展，确保企业在竞争中强劲、在迷惘中清醒、在成长中发展。

图 5-1　投资决策

第五章 投资管理与稳健发展的双翼齐飞

一、投资决策的重要性

> **案 例**
>
> ### 一个关键选择带来截然不同结果
>
> 甲公司和乙公司都是新兴的科技创业公司,两家公司在同一年成立,专注于开发人工智能(AI)技术。由于市场竞争激烈,两家公司都面临着巨大的资金压力,急需通过外部投资来支持其研发和市场拓展活动。
>
> 在寻求外部投资的过程中,甲公司和乙公司都接触到了几家风险投资公司(VC)。甲公司选择了一家知名的大型风险投资公司A,该公司以稳健的投资风格和丰富的行业经验著称。乙公司则选择了一家新兴的风险投资公司B,该公司以高风险、高回报的投资策略为主。
>
> 1. 决策实施
>
> 甲公司:甲公司与风险投资公司A达成投资协议,获得了500万美元的投资。公司利用这笔资金加大了研发力度,提升了产品的技术水平,并成功拓展了市场份额。同时,风险投资公司A还提供了丰富的行业资源和市场经验,帮助甲公司更好地应对市场挑战。
>
> 乙公司:乙公司与风险投资公司B达成投资协议,获得了同样数额的投资。然而,由于风险投资公司B追求高风险、高回报的投资策略,乙公司被迫将大部分资金投入到市场宣传和推广活动中,而非技术研发。尽管乙公司的市场知名度得到了提升,但产品技术水平相对滞后,难以在竞争激烈的市场中脱颖而出。
>
> 2. 结果对比
>
> 甲公司:经过几年的发展,甲公司凭借出色的产品和技术实力,成功获得了更多用户的认可和市场份额。公司逐渐步入正轨,盈利能力稳步提升。风险投资公司A也获得了丰厚的回报,双方实现了共赢。
>
> 乙公司:乙公司在激烈的市场竞争中逐渐失去了竞争优势。由于

> 产品技术水平落后，用户流失严重，市场份额不断萎缩。风险投资公司 B 的投资回报也远未达到预期目标，双方陷入困境。

我们可以分析上述案例，甲公司和乙公司在面临相同的资金压力时，由于选择了不同的投资合作伙伴和策略，最终出现了截然不同的结果。甲公司选择了稳健的投资风格和具有丰富行业经验的合作伙伴，成功实现了企业的长期稳定发展；而乙公司则因为选择了高风险、高回报的投资策略而陷入困境。

对于企业而言，重视投资决策无疑是充满智慧的策略。为了更深入的见识到投资决策的重要作用，我们需要深入剖析其基本概念，明晰其关键作用，并细致探讨其与长期规划及目标实现的和谐共生。

1. 投资决策的基本概念

投资决策是指企业为了实现其预期的投资目标，运用科学理论、方法和手段，对投资的必要性、投资目标、投资规模、投资方向、投资结构、投资成本与收益等经济活动中的重大问题所进行的分析、判断和方案选择。在这个过程中，企业不仅需要具备敏锐的市场洞察力和前瞻的战略眼光，还需要发挥自身严谨的分析能力和果断的决策能力。

在投资决策的过程中，财税合规不仅关系到企业的财务健康，还直接影响到企业的声誉和市场竞争力。企业如果可以做到财税合规，就能够较为轻松地避免税务风险，减少不必要的经济损失，同时也能获得更多投资者和合作伙伴的信任。因此，在进行投资决策时，我们必须充分考虑财税合规的因素，确保投资活动的合法性和合规性。

与此同时，智慧管理指的是企业运用智慧的能力（包括建设能力、操作能力等），对智慧资源进行系统管理，实现可持续发展的过程。在进行投资决策时，智慧管理可以帮助企业更好地把握市场趋势和机遇，优化资源配置和利用，提高投资决策的科学性和有效性。同时，通过智慧管理，企业还可以更好地应对市场变化和竞争压力，实现稳健和可持续的发展。

具体来说，智慧管理在投资决策中的应用主要体现在以下方面。

（1）通过大数据分析和人工智能技术，对市场趋势和投资机会进行深入挖掘和分析，为投资决策提供科学依据。

（2）利用智慧管理系统对投资项目的财务、税务、风险等方面进行全面评估和预测，确保投资决策的合法性和合规性。

（3）通过智慧管理优化投资决策的流程和机制，提高决策效率和执行力。

此外，值得一提的是，财税合规和智慧管理在投资决策中并非孤立存在，而是相互依存、相互促进的。财税合规是企业进行正确投资决策的基础和前提，只有确保投资活动的合法性和合规性，我们才有可能创造长期和稳定的价值。而智慧管理可以为投资决策提供强大的支撑和保障，在提高决策的科学性和有效性基础上，为企业的稳健和可持续发展提供有力支持。

2. 投资决策的重要作用

投资决策不仅直接关联着企业的盈利能力，在深层次上更是影响着企业的财税合规与智慧管理水平。如果我们可以制定一个明智的投资决策，就能够为企业带来丰厚的回报，同时也能够确保企业在财税合规与智慧管理上的稳步前行。

（1）让我们深入探讨投资决策与财税合规之间的关系。财税合规是每一个企业都必须严格遵守的基本准则，它要求企业在经营过程中遵循国家的税收法律法规，合理申报纳税，避免涉税风险。在投资决策中，企业必须充分考虑税收政策的影响。比如，在选择投资项目时，不仅要关注项目的潜在收益，还需要深入了解相关税收政策的导向，避免投资决策失误导致的税务风险。此外，企业还需要通过合理的税务筹划，优化税收结构，降低税负，提高盈利能力。通过采取这些措施，企业就可以在确保财税合规的同时，实现投资效益的最大化。

（2）投资决策与智慧管理水平的提升紧密相连。智慧管理要求企业借助先进的信息技术和管理手段，优化资源配置，提高资源使用效率，这是实现可持续发展的重要途径。在投资决策过程中，企业可以运用大数据、人工智能等先进技术，对投资项目进行深入分析，挖掘潜在价值，实现精准投资。同时，凭借投资决策来优化资源配置，企业能够将有限的资源投入到最具潜力的项目中，促使资源使用效率达到理想状态。此外，投资决策还能够推动企业内部的流程优化和制度创新，从而提升企业的整体智慧管理水平。

> **案 例**
>
> 以某科技公司为例，该公司在投资决策过程中，充分考虑了税收政策的影响，并成功利用大数据技术分析了投资项目的潜在价值。通过精准投资，该公司不仅实现了税务风险的有效控制，还推动了产品的技术创新和市场竞争力的提升。在资源配置方面，该公司优化了资金、人力资源等要素的分配，提高了资源使用效率。同时，该公司还加强了内部管理，推动了流程优化和制度创新，提升了整体智慧管理水平。这些措施的实施，使得该公司在市场竞争中占据了有利地位，实现了可持续发展。

3.长期与短期目标的协调

企业的投资决策不是对资金的简单配置与使用，而是对企业未来发展方向的一个严格规划与深度考虑。因此，在制定投资决策时，我们必须认真权衡长期与短期目标的协调，确保企业既能在短期内稳健运营，又能为长期发展奠定坚实基础。

首先，关注短期目标能为企业各阶段的发展增添驱动力。我们需要密切关注市场变化，了解行业发展趋势和市场需求变化，以便及时调整经营策略，确保资金回报的稳定性和风险控制的有效性。在短期内，企业可以通过精细化管理、优化运营流程等方式，提高运营效率，降低成本，从而确保企业可以实现稳健运营。

然而，仅仅关注短期目标是不够的，我们必须知道企业的长期发展同样重要。为了不被市场的变化抛落在后，企业要不断寻找新的增长点，培育潜力项目，投资新兴领域。这需要企业具备前瞻性的眼光和敏锐的市场洞察力，只有这样才能够准确判断行业发展趋势和市场变化，从而制定出符合企业发展战略的投资策略。

二、投资决策审慎选择的步骤

案 例

李先生是一位中年投资者,从事信息技术行业多年,积累了一定的财富。近年来,随着股票市场的繁荣,他开始对股市产生浓厚的兴趣,并希望通过投资股票来实现资产的进一步增值。然而,他在投资决策中缺乏审慎选择的能力,导致他在一次投资中遭受了巨大的损失。

第一,缺乏市场调研:李先生在一次朋友聚会上听说了一只所谓的"黑马股",该股票在过去的一段时间内涨幅惊人。在听到这个消息后,他立刻产生了投资的冲动,没有对该股票所属的公司进行深入的调研和分析。

第二,盲目跟风:在投资之前,李先生也没有咨询专业的投资顾问或查阅相关的行业报告,而是盲目跟风,完全听从了朋友的建议。他甚至没有考虑到自己的风险承受能力和投资目标,就将大部分资金投入到了这只股票中。

第三,忽视风险管理:李先生在投资过程中没有制定任何风险管理策略,如设置止损点、分散投资等。他抱着"搏一搏"的心态,将所有希望寄托在这只股票上。

不幸的是,由于该公司突然曝出了财务造假和违规操作等负面消息,股票价格暴跌。李先生的投资损失惨重。这次投资失败不仅让他的财富大幅缩水,还给他带来了严重的心理负担。

通过这个案例,我们可以明确一个观点:在投资决策中审慎选择。这不仅关乎资金的安全,更决定了我们未来可能获得的收益。以下是审慎选择的几个关键步骤。

1.明确投资目标和风险承受能力

我们需要清晰地设定投资目标。无论是长期还是短期,是追求稳健还是追求高收益,这些目标都将指导我们的投资行为。同时,我们必须实事求是地评估自己的风险承受能力。有些人对于风险的容忍度较高,愿意为了高收益而冒险;而有些人则更注重资金的安全,更愿意选择稳健的投资方式。作出明智投资决策的前提是了解自己的风险承受能力。

2. 深入了解个人或企业的财务需求

明确投资目标后,我们需要对自己的财务需求有一个全面的认识。这包括评估自己的财务状况,如收入、支出、资产和负债等。同时,我们还需要分析自己的投资偏好,是喜欢直接投资,还是更喜欢通过基金、股票等方式进行间接投资。想要更好地选择适合自己的投资方式,我们就需要了解自己的财务需求和投资偏好。

3. 全面收集和分析市场信息

在作出投资决策之前,需要充分了解市场动态。其中,包括关注宏观经济政策、行业发展动态及市场走势等。通过对这些信息的深入分析,我们可以更好地把握市场趋势,为自己的投资决策提供有力的支持。此外,我们还需要关注投资标的的基本面和潜力,以评估其长期投资价值。

4. 研究市场趋势和行业发展

在了解市场信息的基础上,我们需要进一步深入研究市场趋势和行业发展。通过对行业的分析,我们可以了解该行业的发展前景、竞争格局及潜在的风险。这将有助于我们更好地选择具有成长潜力的投资标的,同时规避潜在的风险。

5. 制定投资策略和计划

在充分了解市场和投资标的的基础上,我们需要制定明确的投资策略和计划。这包括确定投资组合、资产配置及投资时间表和退出机制等。投资策略的制定应该根据投资目标和风险承受能力来制定,确保我们的投资行为既符合我们的利益,又在可控的风险范围内。

第二节 财务规划：为投资管理提供坚实支撑

不管是大型企业，还是普通的投资者，进行合理的财务规划都对我们取得成功、规避风险有很大影响。财务规划是一种战略性的管理工具，但却不止于此，它还在一定程度上决定了企业的投资管理决策，被大众认为是实现资金稳健增值的坚实策略支撑。而企业想要制定合理的财务规划策略，深入理解财务规划才是首要任务，如图 5-2 所示。

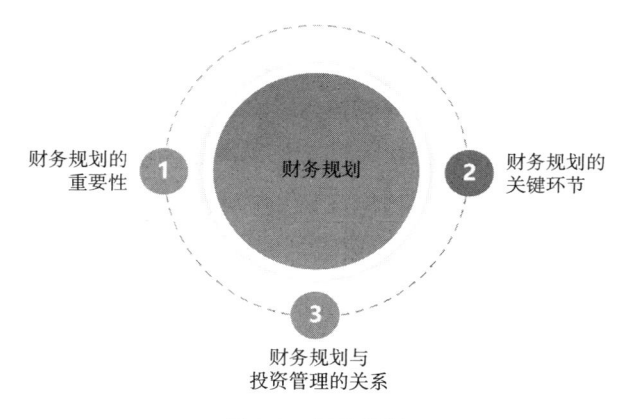

图 5-2 财务规划

一、财务规划的重要性

财务规划能够为投资决策指明方向、为风险管理夯实根基、为资源配置提供依据。因此，深入探寻财务规划的价值与意义显得尤为必要。接下来，让我们一同深入学习财务规划在企业中的重要价值。

1. 确保投资活动的财务健康

财务规划的首要任务是为企业的投资活动保驾护航，确保其财务健康。通过制定合理的预算、收支计划和现金流量预测，企业能够准确掌握自身的财务状况，避免资金链断裂等风险。同时，财务规划还能帮助企业及时发现并解决潜在的财务问题，确保投资活动能够顺利进行。

2. 为投资决策提供可靠的财务数据支持

财务规划既可以为企业提供详细的财务数据和分析，又能够为投资决策提供可靠的依据。通过对财务数据进行细致的分析，我们可以了解到企业的盈利能力、偿债能力、运营效率和市场竞争力等方面的信息，也就能够有根据地制定出更加科学、合理的投资策略。此外，财务规划还能帮助企业预测未来的市场趋势和行业发展，为投资决策提供前瞻性的指导。

3. 预测和管理财务风险

通过财务规划，企业可以及时发现潜在的财务风险，并采取相应的措施进行预防和控制。比如，企业可以通过建立财务风险预警系统，对各项财务指标进行实时监控，一旦发现异常波动，我们就能立即采取措施进行调整。此外，财务规划还能帮助企业了解不同投资项目的风险特征，从而制定出更加符合企业风险承受能力的投资策略。

4. 优化资源配置，提高投资回报率

财务规划有助于企业实现资源的优化配置，提高投资回报率。通过详细的财务数据分析，我们可以掌握各个投资项目的收益情况、成本结构和现金流状况，从而制定出更加合理的投资策略。此外，具有发展潜力的新兴市场或领域也能够通过财务规划被我们准确识别，可以引导着企业将有限的资源投入到更具成长性的投资项目中，实现更高的投资回报。

在实际应用中，财务规划还需要结合企业的具体情况和市场需求进行灵活调整。比如，企业可以根据市场变化及时调整投资策略，或者通过优化财务结构降低融资成本等。

二、财务规划的关键环节

财务规划不仅包含资金的筹措、使用和管理，还会指出企业未来的发展方向和战略打算。而财务规划的关键环节一般包括：预测和计划、资金筹措、风险管理及财务监控与调整，企业可以进行深入探讨。

1. 预测和计划：筑牢财务规划的基础

预测和计划是财务规划的首要环节，它几乎可以决定企业未来一段时间内的财务目标和方向。在这一环节中，我们需要依据历史财务数据、市场环境及企业内部经营状况等因素，构建出符合企业实际的预测模型。通过模型，企业就可以对未来的收入、支出及现金流进行精准的预测。

基于预测结果，企业还可以制订出具有可行性的财务计划和预算。这些计划和预算会细化到各个部门和业务环节，旨在让每个部门、每位员工都能清楚自己的财务目标和责任。同时，计划和预算还需要考虑到市场环境的变化和企业战略调整的可能性，预留出一定的弹性空间，确保具备一定的灵活性和可调整性。

2. 资金筹措：确保企业运营的畅通

资金筹措环节中，企业需要确定自己的资金需求和资金缺口，保证在运营过程中不会出现资金短缺的情况。

为了筹措资金，我们需要探索多元化的资金筹措方式，比如银行贷款、发行债券、股权融资等。不同的筹措方式具有不同的优缺点和适用范围，企业可以根据自己的实际情况和需求选择合适的方式。

同时，企业还需要制订资金筹措计划和时间表，这有利于我们合理安排资金的使用和还款计划，维护资金的安全和稳定。

3. 风险管理：为企业保驾护航

在财务规划过程中，企业需要对潜在的财务风险进行识别和评估，以便提前采取相应的应对策略，将风险危害及时的遏止。

财务风险的来源并不固定，它可以来自市场环境的变化、企业内部管理的失误、政策法规的调整等方面。因此，企业需要通过定期的风险评估活动来识别和评估这些风险。一旦识别出潜在的风险，就需要快速制定相应的应对策略，尽全力地降低风险对企业的影响。

此外，建立风险预警机制也很有必要，这能让企业在风险发生时迅速反应并采取应对措施。同时，我们也应该加强内部管理和监管，防止风险事件的发生和扩散。

4. 财务监控与调整：确保财务规划的顺利执行

财务监控与调整是财务规划的最后一个环节，也是确保财务规划顺利执行的关键环节。在这一环节中，企业需要设立财务监控机制，对财务计划的执行情况进行跟踪和评估。

利用财务监控机制，企业可以及时发现财务计划执行过程中的问题和偏差，也就可以快速地采取相应的措施进行调整和优化。这样的快速行动可以确保财务计划的顺利执行和财务目标的精准实现。

同时，企业还需要根据实际情况对财务计划进行定期的调整和优化。市场环境的变化、企业内部经营状况的变化及企业战略的调整等因素，都会对财务计划的落实造成一定影响，所以我们有必要进行合理调整和优化。

三、财务规划与投资管理的关系

财务规划会设计投资策略，投资决策也离不开财务规划的信息依据，所以两者相互依存、相互促进。众多企业理应明确财务规划在投资管理中的核心作用，分析财务规划与投资策略的协调机制，并提出通过财务规划提升投资绩效的策略建议。

1. 财务规划在投资管理中的核心作用

> **案 例**
>
> ××科技公司在过去的几年中，虽然取得了一定的市场份额和业绩增长，但在投资管理上也暴露出一些问题，如投资决策不够科学、资金筹措渠道单一、投资风险较大等。为了解决这些问题，公司决定引入财务规划，以提升投资管理水平。
>
> 1.预测与评估
>
> ××科技公司首先对市场趋势、行业发展、竞争格局等因素进行了深入研究，结合公司自身的战略目标和实际情况，制定了投资预测模型。通过该模型，公司能够预测未来的投资机遇与风险，为投

决策提供有力支持。

同时，公司运用财务分析工具，对企业自身的财务状况、盈利能力、偿债能力等进行全面评估。通过对比不同投资项目的财务指标，公司能够筛选出具有较大潜力的投资项目，提高投资决策的科学性。

2. 资金筹措与分配

××科技公司在财务规划的指导下，根据投资项目的需求和公司的财务状况，合理安排资金筹措渠道。除了传统的银行贷款和股权融资外，公司还积极探索新的融资渠道，如发行债券、引入战略投资者等，确保投资资金的及时和足额供应。

在资金分配方面，公司根据投资项目的轻重缓急和预期收益，合理分配资金资源。通过优化投资组合，降低投资风险，提高资金利用效率。

3. 监督与控制

××科技公司在投资过程中加强了财务监督与控制。通过定期或不定期的财务检查、审计等方式，对投资项目的财务状况进行实时监控。一旦发现异常情况或潜在风险，公司能够迅速采取措施予以解决，确保投资活动的合规性和有效性。

通过加强财务规划在投资管理中的应用，××科技公司取得了显著的成果。首先，公司的投资决策更加科学、合理，避免了盲目投资和资源浪费。其次，公司的资金筹措渠道更加丰富、多元化，有效保障了投资项目的资金需求。最后，通过加强监督与控制，公司成功降低了投资风险，提高了投资收益的稳定性。这些成果都为公司的持续发展奠定了坚实基础。

分析上述案例后，我们可以明确认识到财务规划是企业进行投资管理的前提和基础。它通过对企业内外环境的全面分析，结合企业战略目标，为投资管理提供科学的决策依据。具体而言，财务规划在投资管理中的核心作用展现在以下方面。

（1）预测与评估。财务规划通过对市场趋势、行业发展、竞争格局等因素的深入研究，能够较为准确的预测未来的投资机遇与风险。同时，我们可以运用财务分析工具，对企业自身的财务状况、盈利能力、偿债能力等进行全面评估，为投资决策提供真实信息依据。

（2）资金筹措与分配。财务规划根据企业的投资需求，合理安排资金筹措渠道，确保投资资金的及时、足额供应。同时，根据投资项目的轻重缓急，我们需要合理分配资金资源，优化投资组合，降低投资风险。

（3）监督与控制。财务规划通过对投资过程的监督与控制，能够确保投资活动实施的合规有效。应用定期或不定期的财务检查、审计等方式，我们就能对投资项目的财务状况进行实时监控，及时发现问题并采取措施予以解决。

2.财务规划与投资策略的协调

财务规划与投资策略的协调不仅关乎资金的合理配置，更是对企业长期、稳定发展的有力保障。在实际操作中，我们需要关注以下方面：

（1）目标一致性。财务规划与投资策略的目标应保持一致，共同服务于企业的战略发展。在制定财务规划时，我们应该充分考虑投资策略的需求，确保财务规划能够为投资策略提供有效的支持。

（2）风险匹配性。财务规划与投资策略在风险承受能力上应具有匹配性。在制定投资策略时，我们需要了解企业的财务状况和风险承受能力，保证能够实现投资策略的风险水平与企业的财务规划相协调。

（3）灵活性调整。财务规划与投资策略应具有一定的灵活性，能够根据市场变化和企业实际情况进行适时调整。通过不断优化财务规划和投资策略，企业就能够抓住市场机遇，实现投资目标。

3.通过财务规划提升投资绩效的策略建议

在实际中，财务规划在提升投资绩效方面也具备明显的效果。鉴于市场环境如此的复杂、变动，企业如果想要持续增强投资绩效，便可以审慎考虑并采纳以下策略建议，以确保自身能够在竞争中发展。

（1）强化财务规划意识。树立财务规划意识，将财务规划作为投资管理的重要工具。通过加强财务规划培训和宣传，企业可以提高员工对财务规划的认识和重视程度。

第五章　投资管理与稳健发展的双翼齐飞

（2）完善财务规划流程。建立完善的财务规划流程，确保财务规划的全面性和准确性。在财务规划过程中，我们应该注重数据收集和分析的可靠性，提高企业财务规划的质量和效率。

（3）加强财务规划与投资策略的协同。加强财务规划与投资策略的协同配合，确保两者在目标、风险、资源等方面的协调一致。通过定期召开财务规划与投资策略协调会议，我们可以及时发现和解决问题，促使投资活动能够顺利进行。

（4）引入先进技术手段。积极引入先进技术手段，如大数据分析、人工智能等，提高财务规划和投资管理的智能化水平。我们可以正确应用技术手段，以便于优化决策过程、降低决策风险、提高决策效率。

第三节　资产配置：智慧策略，平衡收益与风险

资产配置的合理规划可以帮助投资者实现多个财务目标，同时也会展现企业的智慧策略实情。因为资产配置可以通过合理的资金配置和分散化投资，助力企业实现资产的长期稳定增长，同时有效地控制投资风险。基于此，我们便需要明确资产配置的概念、作用及策略，如图5-3所示。

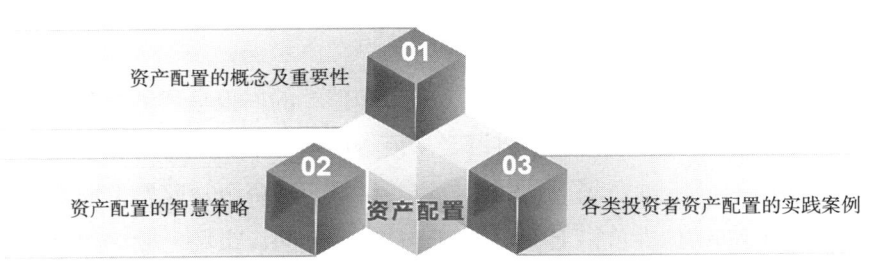

01 资产配置的概念及重要性
02 资产配置的智慧策略
03 各类投资者资产配置的实践案例
资产配置

图5-3　资产配置

一、资产配置的概念及重要性

为了更好地应对企业运营过程中的挑战，把握机遇，企业需要对自身的财务管理策略有深入的了解。其中，资产配置作为财务管理的核心内容之一，是我们必须要了解的内容，那么掌握其概念及重要性就很关键。

1. 资产配置的基本概念

资产配置是投资者根据自己的投资目标、风险承受能力和市场环境，将资金分配到不同的资产类别中，以实现资产的多元化配置。这里的资产类别包括但不限于股票、债券、现金、房地产、黄金等。这些资产类别之间的风险收益特性各不相同，因此，我们在进行合理的资产配置时，就可以有效降低投资组合的整体风险，同时提升潜在收益。

在资产配置的过程中，投资者需要明确各种资产类别之间的关系。这些关系可能包括正相关、负相关或零相关。

以下是一些例子和解释。

1）正相关

（1）股票和债券。尽管某些情况下股票和债券可能表现出正相关关系，但这并非普遍现象。在某些特定的市场环境下，如投资者信心增强或经济增长期，股票和债券可能会共同上涨。这是因为资金可能从一种资产类别流向另一种，从而推动两个市场同时上涨。然而，这并不意味着它们总是正相关。

（2）股票和房地产。股票和房地产在某些时候也可能呈现正相关关系。当经济繁荣时，投资者信心增强，可能会推动股票市场和房地产市场共同上涨。然而，这种关系同样受多种因素影响，因此也不稳定。

2）负相关

（1）股票与债券。在一般情况下，股票和债券的回报呈现负相关关系。当股票市场上涨时，投资者可能会将资金从债券市场转向股票市场，导致债券价格下降。相反，当股票市场下跌时，投资者可能会将资金从股票市场转移到债券市场，从而推动债券价格上涨。比如，过去一年间，市场上股权类资产与债权类资产之间的相关系数值为 -0.331，说明它们之间存在负相关关系。

（2）黄金与股权类资产。黄金通常被视为避险资产，在经济不确定性增加或市场波动加剧时，投资者可能会将资金从股票市场转移到黄金市场，导致黄金价格上涨而股票价格下跌。这种关系就可以向我们展现黄金与股权类资产之间的负相关关系。

3）零相关

（1）不同类型的股票。尽管同属股票市场，但不同行业、不同公司或不同地区的股票之间的相关性可能非常低，甚至接近零。这是因为它们的回报受到不同因素的影响，如公司特定的新闻、行业特定的动态或地区特定的经济因素。

（2）某些特定的资产类别。有些资产类别由于其独特的投资属性，可能与其他大多数资产类别呈现零相关或低相关性。比如，某些小众投资品（如艺术品、葡萄酒等）或新兴市场的资产与传统的股票和债券市场的相关性可能不会太高。

2. 资产配置的重要作用

一个合理的资产配置方案，不仅能够帮助投资者实现资产的保值增值，还能够在风险与收益之间找到最佳的平衡点。既然风险无法规避，我们就可以通过有效的资产配置，将风险控制在可承受的范围之内，从而实现财富的稳步增长。

具体来说，资产配置的重要性主要体现在以下方面。

（1）降低投资风险。我们将资金分配到不同的资产类别中，这样能够有效降低单一资产的风险敞口，实现风险的分散和降低。这种风险分散的效果，可以让投资者在面临市场波动时保持冷静，避免盲目跟风或恐慌性抛售。

（2）提升投资收益。不同的资产类别具有不同的风险收益特性。通过合理配置这些资产类别，投资者可以在一定程度上提升投资组合的整体收益。比如，股票等高风险资产具有较高的潜在收益，而债券和现金等低风险资产则具有稳定的收益。

（3）满足不同投资者的需求。不同投资者的投资目标、风险承受能力和投资期限各不相同。比如，对于年轻投资者来说，他们具有较高的风险承受能力和较长的投资期限，可以适当增加高风险资产的比例；而对于老年投资者来说，他们多数更注重资产的保值和稳定收益，所以可以增加低风险资产的比例。

二、资产配置的智慧策略

投资者要想实现财富的稳健增长，就必须掌握资产配置的智慧策略。这些策略不仅能帮助投资者在投资过程中规避风险，还能优化收益结构，确保资产的长期增值。企业可以根据投资者风险承受能力进行配置、多元化投资，进而能够分散风险、动态调整资产配置等。

1. 根据投资者风险承受能力进行配置

资产配置的首要原则是根据投资者的风险承受能力进行合理配置。风险承受能力评估是资产配置的基础，它涉及对投资者财务状况、投资经验、投资期限、风险偏好等多方面的综合分析。评估结果将直接影响投资者的资产配置比例，确保投资者的资产组合既能满足其收益预期，又能控制在可承受的风险范围内。

在确定资产配置比例时，作为投资者，我们可以参考历史收益率、波动率等指标，结合自身的风险承受能力进行权衡。一般来说，风险承受能力较高的投资者可以适当增加高风险、高收益资产的比例，如股票、期货等；而风险承受能力较低的投资者则可以选择更加稳健的投资组合，如债券、货币基金等。

2. 多元化投资以分散风险

多元化投资是资产配置的另一个重要策略。将资产分散投资于不同的市场、行业、投资品种等，就可以降低单一资产或市场波动的风险，从而提高整体投资组合的稳定性。多元化投资的优势在于，即使某个市场或行业出现不利情况，其他市场或行业却可能表现良好，此时就可以起到风险对冲的作用。

实施多元化投资时，投资者应该根据自己的风险承受能力和投资目标，选择适合自己的投资品种。比如，可以将资金分散投资于股票、债券、基金、房地产等不同的领域；在股票市场中，也可以进一步分散投资于不同的行业、不同的公司。此外，投资者还可以利用金融衍生品等工具进行多元化投资，以便于进一步提高投资组合的多样性和灵活性。

3. 动态调整资产配置以适应市场变化

市场环境大多时候是变动的，因此投资者需要定期评估和调整自己的资产配置。动态调整资产配置是资产配置的第三个重要策略。通过定期评估投资组合的表现和市场环境的变化，投资者可以及时发现并纠正投资组合中的偏差，确保投资组合始终保持最佳状态。

在动态调整资产配置时，投资者需要关注市场的宏观经济形势、政策走向、行业发展趋势等因素。比如，在经济繁荣时期，投资者可以适当增加股票等高风险资产的比例；而在经济衰退时期，则应该适当降低股票等高风险资产的比例，增加债券等稳健资产的比例。此外，投资者还需要关注市场的短期波动和长期趋势，以便对不同投资决策做出针对性改进。

三、各类投资者资产配置的实践案例

各类投资者如何巧妙地配置其资产，以达到最佳的收益与风险平衡，一直是金融界探讨的热点话题。现在，我们可以从以下几则投资者资产配置的实践案例中加以了解与感受。

案例

案例一：保守型投资者的资产配置方案

保守型投资者，顾名思义，他们的投资理念主要是保障本金安全，对于收益的追求则相对较低。在他们的资产配置方案中，固定收益类资产如国债、企业债及银行存款往往占据较大比例。这类资产虽然收益稳定，但通常难以抵御通货膨胀的影响。然而，他们同时也会配置部分现金以备不时之需，并将少量的股票或基金作为增值手段。

以某保守型投资者张先生为例，他的资产配置方案中，国债占比40%，银行存款占比30%，股票和基金占比仅为20%，剩余的10%则配置为现金。这样的配置方式使得张先生的资产稳健，风险较低，但收益也相对有限。从收益与风险表现来看，虽然其年化收益率可能不及其他类型的投资者，但稳定的收益和较低的风险使其更受保守型投资者的青睐。

案例二：平衡型投资者的资产配置方案

平衡型投资者在追求稳健收益的同时，也愿意承受一定的风险。他们的资产配置方案通常包括固定收益类资产、股票、基金及部分另类投资如房地产、黄金等。这样的配置能够通过多元化投资降低风险，同时也可以追求更高的收益。

以李女士为例，她是一位平衡型投资者。在她的资产配置方案中，股票和基金占比达到40%，国债和企业债占比30%，银行存款占比20%，剩余的10%则配置为房地产和黄金。这种配置方式使得李女士的资产组合既有稳定的收益来源，又有较高的增长潜力。从长期收益与风险表现来看，平衡型投资者的资产配置策略通常能够取得较为理想的效果。

案例三：进取型投资者的资产配置方案

进取型投资者对于风险的承受能力较强，他们追求的是高收益和高增长。在资产配置方案中，股票、基金及高风险高收益的另类投资如私募基金、数字货币等往往占据较大比例。这类投资者往往有较强的心理承受力以应对市场波动，比起平稳获利，他们更愿意在风险中寻找机会，追求超额收益。

以王先生为例，他是一位进取型投资者。他的资产配置方案中，股票和基金占比高达60%，其中不乏一些高风险但潜力巨大的新兴科技股和成长股。同时，他还配置了部分私募股权和数字货币等另类投资。虽然这样的配置方式带来了较高的收益，但也伴随着较大的风险。在市场波动较大时，王先生的资产可能会出现较大的损失。然而，他凭借着敏锐的市场洞察力和强大的心理承受能力，总是能在市场中找到机会，实现资产的快速增长。

不同类型的投资者在资产配置上有着不同的策略。保守型投资者注重资产的安全性，平衡型投资者追求稳健收益与风险的平衡，而进取型投资者则追求高收益和高增长。然而，无论采取何种策略，投资者都需要根据自己的风险承受能力和投资目标来制定合理的资产配置方案，不能盲目地进行投资。

第四节　投资风险管理：严守防线，稳健成长

在投资管理过程中，风险管理做不好，可能会满盘皆输。为了实现持续而稳健的成长，企业必须依仗那些经过深思熟虑且行之有效的风险管理策略。

案 例

在风起云涌的投资市场中，H投资公司凭借其独特的前瞻性风险管理框架，成功应对了多次市场波动，确保了资产的稳健增长。这家公司的成功说明在构建投资风险管理框架时，高瞻远瞩、深刻的风险意识和完善的管理制度的重要性。

H投资公司的风险管理团队首先意识到，市场环境复杂多变，传统的风险管理方法已经难以应对现代金融市场的挑战。因此，他们决定构建一套全新的风险管理框架，以适应不断变化的市场环境。

在构建过程中，H投资公司树立了深刻的风险意识。他们认识到，风险管理不仅仅是避免损失，更是实现资产稳健增长的关键。因此，公司高层将风险管理纳入公司战略的核心，确保在投资决策的每一个环节都充分考虑风险因素。

同时，H投资公司精心打造了一套完善的风险管理制度。这套制度包括风险识别、评估、监控和应对四个环节，每个环节都有明确的标准和流程。公司还引入了先进的风险管理技术和工具，如大数据分析和人工智能模型，以更准确地评估和监控风险。

为了确保风险管理框架的持久性和灵活性，H投资公司采取了一系列措施。首先，他们定期对风险管理框架进行评估和更新，以适应市场环境的变化。其次，公司鼓励员工积极参与风险管理，通过培训

和交流提升员工的风险意识和应对能力。最后，H投资公司还与行业内的专家和机构建立了紧密的合作关系，共同研究和应对市场中的新风险。

正是凭借这套前瞻性风险管理框架，H投资公司在多次市场波动中保持了稳健的姿态。他们不仅成功避免了重大损失，还实现了资产的稳健增长。

通过分析上述案例，我们可以了解到在构建投资风险管理框架时，企业需要将眼光放长远，树立深刻的风险意识，并精心打造一套完善的风险管理制度。同时，风险管理不应是一时的应对之策，而是需要具有持久的韧性和动态的灵活性，确保在市场的每一次变革中都能保持稳健的姿态，如图5-4所示。

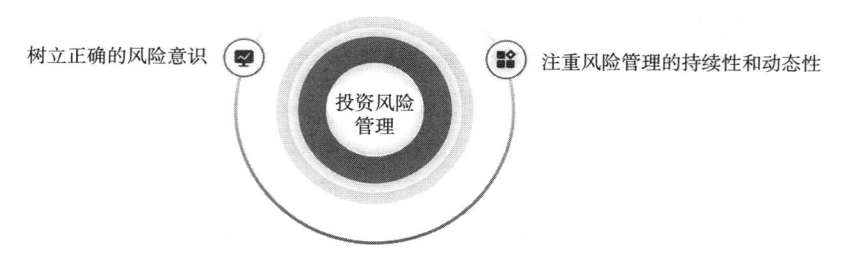

图 5-4　投资风险管理

一、树立正确的风险意识

投资本身就是一把双刃剑，它既为企业带来潜在的高额回报，也隐藏着无法忽视的风险。因此，企业要想在投资领域立足并取得成功，就必须认真识别到投资过程中存在的各种风险，并灵活采取一系列有效的应对措施，从而最大限度地降低风险，避免影响后续的稳健发展。

1. 明确投资风险的种类

投资风险包括但不限于市场风险、财务风险、运营风险、技术风险等。市场风险主要是宏观经济因素、政策变化或行业竞争等外部因素导致的投资风险。财务风险则主要涉及资金流动性、资本结构和财务杠杆等方面。运营风险则包括供应链管理、生产效率及人力资源等方面的潜在风险。而技术风险则主要源于新技术的涌现、技术变革的不确定性等因素。

2.应对投资风险的策略

（1）企业需要建立全面的风险评估体系，对投资项目的各个方面进行详尽的分析和评估，从而准确识别潜在的风险点。

（2）根据风险评估的结果，企业应该制定相应的风险管理策略。比如，对于市场风险，我们可以通过多元化投资、灵活调整投资组合等方式来降低风险；对于财务风险，我们需要严格控制成本，优化资本结构，确保资金的稳定流动；对于运营风险，我们应该加强内部管理，提高生产效率和产品质量；对于技术风险，我们必须关注行业动态，加大研发投入，以保持技术的领先地位。

（3）企业还需要建立完善的风险监控和预警机制。只有对投资项目进行实时监控和数据分析，才能及时发现潜在的风险问题，并采取相应的应对措施。同时，企业还应定期对投资项目的运营情况进行评估和调整，确保投资项目的顺利进行和预期目标的达成。

（4）在投资过程中，企业还需要注重人才培养和团队建设。优秀的投资团队不仅需要具备专业的投资知识和技能，还需要具备敏锐的市场洞察力和风险识别能力。因此，企业应加强对投资团队的培养和选拔，满足企业投资决策所需要的人力资源。

二、注重风险管理的持续性和动态性

风险管理的持续性和动态性是投资成功的关键，企业需要密切关注市场变化，不断调整风险管理策略，保持警惕并持续监测风险。同时，我们还需要定期对风险管理效果进行评估和反馈，使得风险管理措施可以被不断完善和优化。

1.认识到市场环境的不可预测性

无论是宏观经济政策的调整、行业发展趋势的转变，还是突发事件的发生，都可能对企业的投资风险状况产生重大影响。因此，企业不能固守成规，而是应该根据市场变化及时调整风险管理策略。这包括对市场风险的定期评估、对投资策略的适时调整及对风险限额的动态管理等。

2. 不断对风险进行检测与控制

风险管理策略的持续性要求企业需要始终保持警惕，不断对风险进行监测和控制。投资过程中，风险可能来自市场风险、信用风险、流动性风险等多个方面。为了确保投资安全，建立完善的风险监测体系是企业必然要完成的任务，该体系能够对各类风险进行实时监控，并在必要时采取相应的应对措施。同时，企业还需要建立有效的风险预警机制，以便于将风险控制在发生之前。

3. 坚持评估和反馈风险管理效果

风险管理的动态性要求企业需要对风险管理效果进行反复的评估和反馈，比如，定期审查风险管理策略的有效性、检查风险管理流程的执行情况及对风险管理效果的量化评估等。通过对风险管理效果的评估，我们可以发现存在的问题和不足，并及时进行调整和优化。这种持续的评估和反馈过程不仅有助于提升风险管理水平，还有助于企业更好地适应市场变化，以确保投资活动的长期稳定发展。

第六章　营运资金优化与盈利能力共进

营运资金的优化与盈利能力的提升是相辅相成的。通过优化营运资金管理，企业可以更加精准地掌握资金流动情况，合理安排资金的使用和调度，避免资金闲置和浪费。比如，通过加强应收账款管理，缩短收款周期，提高资金回笼速度；通过优化存货管理，降低库存水平，减少资金占用；通过合理安排短期融资，满足企业日常运营的资金需求，降低融资成本等。这些措施都能够有效提升营运资金的利用效率，为企业的盈利能力提供有力保障。营运资金的优化管理还能够促进企业的盈利能力提升。通过优化资金结构，提高资金使用效率，企业可以将更多的资金投入到具有更高回报率的业务领域中，从而实现盈利能力的持续增长。同时，营运资金的优化管理还能够提升企业的财务稳健性，增强企业的抗风险能力，为企业的长期稳定发展奠定坚实基础。

第一节　营运资金：企业运营的"血液"与"灵魂"

在营运资金合理应用的过程中，财务管理工作才可以有条不紊地展开。所以说营运资金不仅能够推动企业当下业务的顺利进行，还可以为之后的发展创新提供支持。只有保证和维持运营资金的安全，企业才可以让长期运用与发展成为现实。在此期间，企业不仅需要了解营运资金的概念及重要性，还需要掌握其来源，如图 6-1 所示。

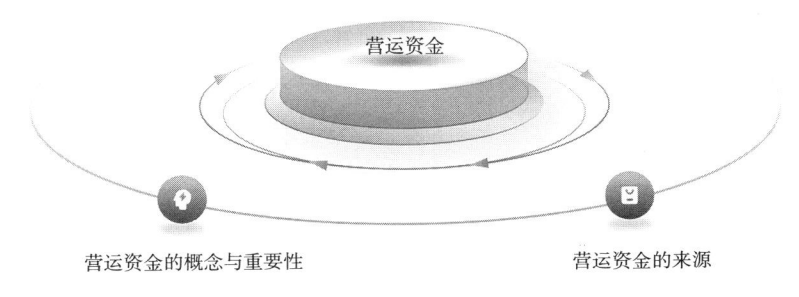

图 6-1　营运资金

一、营运资金的概念与重要性

成功的企业不仅具备创新能力、产品质量或品牌知名度,还可以有效地管理和运用资金。而在其中,营运资金的作用很明显,也很重要。因此,我们有必要了解营运资金的概念、重要性及在企业运营中的作用力。

1. 营运资金的基本概念

营运资金也被称为营运资本或循环资本,指的是企业在日常运营中用于支持其生产、销售和其他业务活动的资金。营运资金通常包括应收账款、存货、预付账款等流动资产,以及应付账款、短期借款等流动负债。简单来说,营运资金就是企业用于维持日常运营所需的"流动资金"。

2. 营运资金在企业运营中的核心作用

> **案例**
>
> ### 某电商平台的营运资金优化实践
>
> 某电商平台在快速扩张的过程中,资金结构呈现出高负债、高成本的特点。同时,由于销售季节性波动较大,现金流管理也存在一定的不稳定性。为了改善这一状况,该电商平台开始寻求优化营运资金的途径。
>
> 一、优化资金结构
>
> 1. 短期借款与长期借款的合理配置
>
> 该电商平台根据资金需求和成本效益分析,合理配置了短期借款和长期借款的比例。通过短期借款满足短期资金需求,降低资金成本;同时,利用长期借款支持长期投资和经营,确保资金结构的稳健性。
>
> 2. 优化存货管理
>
> 针对存货积压问题,该电商平台引入了先进的库存管理系统,通过大数据分析预测销售趋势,实现精准订货和库存管理。这既减少了库存积压,降低了资金占用成本,又提高了库存周转率。

3.应收账款管理

该电商平台加强了与供应商的沟通与合作，推行了更加合理的账期政策，减少了应收账款的坏账风险。同时，通过引入第三方信用机构对客户进行信用评估，降低了坏账发生的可能性。

二、促进现金流稳定

1.加强现金流预测

该电商平台建立了完善的现金流预测模型，结合历史数据和市场趋势，对现金流进行精准预测。这有助于企业提前做好资金安排，确保现金流的稳定性和可持续性。

2.优化支付和收款流程

通过引入先进的支付系统和收款工具，该电商平台实现了支付和收款流程的自动化和标准化。这不仅提高了支付和收款的效率，还降低了操作成本和风险。

3.加强与客户和供应商的沟通

该电商平台定期与客户和供应商进行沟通和交流，了解他们的需求和期望。通过建立良好的合作关系，该电商平台实现了与客户和供应商之间的资金顺畅流动。

三、增强企业竞争力

1.提高资金使用效率

通过优化资金结构和促进现金流稳定，该电商平台提高了资金使用效率。这使得企业能够更快地适应市场变化，抓住发展机遇。

2.加快资金周转

通过优化存货管理和应收账款管理，该电商平台加快了资金周转速度。这使得企业能够更快地实现盈利和增长。

3.提高市场竞争力

由于资金使用效率和周转率的提高，该电商平台在市场上的竞争

> 力得到了增强。企业能够更好地满足客户需求，提供更优质的产品和服务，从而赢得更多的市场份额和客户信任。

分析上述案例后，我们可以了解到通过优化营运资金的管理方式，企业能够成功地实现资金结构的优化、现金流的稳定和企业竞争力的提升，大致总结如下。

（1）优化资金结构。通过合理安排营运资金的使用和筹集方式，企业可以优化其资金结构，降低资金成本，提高资金使用效率。

（2）促进现金流稳定。有效的营运资金管理可以确保企业现金流的稳定性和可持续性，防止因现金流断裂而引发的经营危机。

（3）增强企业竞争力。通过提高营运资金的使用效率和周转率，企业可以更快地适应市场变化，抓住发展机遇，从而增强其在市场中的竞争力。

二、营运资金的来源

为了确保企业的正常运转和持续发展，我们就需要了解和掌握营运资金的来源。一般而言，营运资金的来源可以大致划分为内部来源和外部来源两大类。

1. 营运资金的内部来源

内部来源是指企业从自身经营活动中获取的资金。这些资金主要来自企业的利润留存和固定资产的折旧与摊销。

（1）利润留存。利润留存是企业通过日常经营活动所获得的净利润中，没有分配给股东或投资者，而是选择留在企业内部用于后续投资或补充营运资金的部分。利润留存不仅能够带来稳定的资金来源，还有助于企业提升自主经营能力和抗风险能力。

（2）固定资产折旧与摊销。固定资产折旧与摊销是企业为了弥补固定资产在使用过程中逐渐消耗的价值而计提的费用。这些费用在会计上往往被视为非现金支出，但它们在实质上却为企业提供了可用于营运的现金资源。通过合理计提折旧与摊销，企业能够在不增加额外负担的情况下，充分利用固定资产的价值，进而为企业的运营提供稳定的资金支持。

2.营运资金的外部来源

外部来源则和字面意思一致，是企业从外部渠道筹集的资金。这些资金主要来自短期贷款、商业信用和贸易融资等。

（1）短期贷款。短期贷款是企业通过向金融机构借款来筹集营运资金的一种方式。这种方式的优点是速度快、灵活性高，能够满足企业短期内的资金需求。然而，短期贷款通常需要企业支付较高的利息费用，因此需要在谨慎权衡利弊再决定是否使用。此外，金融机构在提供贷款时，通常会评估和审批企业的信用状况、还款能力等因素，所以企业需要保持良好的信用记录和还款能力，这样才有机会获得更多的贷款支持。

（2）商业信用。商业信用是企业在日常经营中与其他企业之间形成的相互信任关系。赊购、赊销等方式的存在，可以让企业在不立即支付现金的情况下获得所需要的商品或服务，从而实现资金的循环使用。商业信用的优点在于不需要支付额外的利息费用，而且有助于加强企业之间的合作关系。然而，有优就有劣，商业信用也存在一定的风险，如赊销方可能无法按时还款等，因此企业在使用商业信用时务必要谨慎评估风险。

（3）贸易融资。贸易融资则是针对国际贸易中的资金需求而设计的融资方式。如进口押汇、出口保理等融资方式，都可以帮助企业在国际贸易中实现资金的快速回笼和再利用。贸易融资的优点在于能够满足企业在国际贸易中的特殊需求，提高资金的利用效率。然而，由于国际贸易的复杂性和风险性，企业在使用贸易融资时需要充分了解相关的法规和风险，确保资金的安全和合规性。

第二节　管理策略与技巧：精细运营，高效利用

企业想要增加自身的竞争实力，就不能只关注产品或服务的质量，还需要重视运营管理的策略与技巧。接下来，我们可以深入探讨精细运营的概念、其

核心原则及在现代管理中的意义，并详细阐述如何制订和实施精细运营计划，如图 6-2 所示。

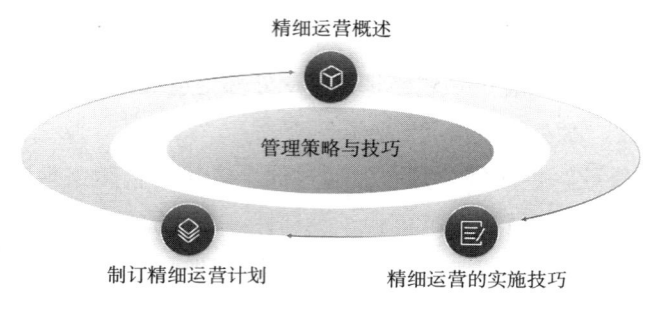

图 6-2　管理策略与技巧

一、精细运营概述

无论是传统的线下企业，还是新兴的互联网企业，都需要不断寻求新的增长点和竞争优势。在此过程中，精细运营作为一种高效、系统的管理策略，正在逐步成为企业实现可持续发展的关键。

1. 精细运营的基本概念

精细运营是通过对用户行为、市场趋势等数据的深入分析，采取精准的策略和措施，以实现更加高效的运营目标。这种运营方式注重细节，强调数据的驱动，追求的是通过精确的用户洞察和个性化的服务，提升用户体验，增强用户黏性，最终为企业创造更大的价值。

2. 精细运营的核心原则

精细运营的核心原则涵盖了以用户为中心、数据驱动、持续优化和创新驱动四个方面，大致分析如下。

（1）以用户为中心：从用户出发，了解并满足其需求。在精细化运营的体系中，用户是企业运营的中心，也是最终的评判者。要做到以用户为中心，企业就需要从用户的角度出发，深入了解他们的需求、痛点和期望。我们不仅需要对用户进行简单的调研和访谈，更要通过用户行为分析、用户画像等手段，详细的掌握用户的真实需求。

第六章 营运资金优化与盈利能力共进

> **案例**
>
> 　　一家电商平台通过收集用户的浏览记录、购买记录、评价等数据，对用户进行细分，并为不同用户群体提供个性化的推荐和服务。这种以用户为中心的策略，不仅提高了用户的满意度和忠诚度，还为企业带来了更多的商业价值。

（2）数据驱动：科学决策，优化运营效果。在精细化运营中，数据是现于人前的实打实的决策依据。数据驱动的原则要求企业充分利用数据，通过数据挖掘、数据分析等手段，我们可以了解市场趋势，让其成为企业运营决策的重要指导。这种基于数据的决策方式，比传统的经验决策更加科学、准确和高效。

> **案例**
>
> 　　一家零售企业通过分析销售数据，发现某个时间段内某种商品的销售量激增。于是，企业及时调整库存和采购计划，确保商品供应充足。同时，企业还针对该商品进行了精准的营销活动，进一步提高了销售额。这种数据驱动的方式，让企业在市场竞争中占据了有利地位。

（3）持续优化：不断改进，追求卓越。持续优化是精细化运营的重要原则之一。通过对运营过程进行不断改进和优化，企业可以提高运营的效率和效果。这种优化不仅包括对现有运营流程的改进，还包括对新技术、新方法的引入和应用。

> **案例**
>
> 　　一家物流企业通过引入先进的物流管理系统和智能调度算法，实现了对运输车辆的实时监控和调度。这不仅提高了运输效率，还降低了运输成本。同时，企业还不断对系统进行升级和优化，以适应市场的变化和需求的发展。

（4）创新驱动：探索未知，引领市场。创新可以让企业竞争力增强，而创新驱动也就成为企业保持竞争优势的关键。创新驱动的原则要求企业不断寻求新的创新点，通过技术创新、产品创新、服务创新等方式，我们就可以顺应市场趋势变化，满足用户不断产生的新需求。

> **案 例**
>
> 一家科技公司通过自主研发的新型智能穿戴设备，打破了传统穿戴设备的局限性，提供了更加丰富、便捷的用户体验。这种创新不仅让用户享受到了更好的产品和服务，还为企业带来了更多的市场份额和利润。同时，企业还不断投入研发资源，探索新的技术和应用场景，以保持持续的创新能力。

3. 精细运营在现代管理中的意义

> **案 例**
>
> ### 电商平台 X 公司的精细运营之道
>
> 在日益激烈的电商市场环境中，X 公司作为一家中等规模的电商平台，面临着来自国内外众多竞争对手的压力。为了在众多竞争者中脱颖而出，X 公司决定采取精细运营策略，以提升自身的市场竞争力。
>
> 首先，X 公司进行了深入的市场分析，通过大数据分析工具和用户调研，详细了解了目标市场的消费趋势、用户需求和竞争对手的情况。分析结果显示，消费者对高品质、个性化、定制化的商品和服务有着越来越高的需求。
>
> 其次，基于市场分析结果，X 公司对旗下的产品进行了优化升级。比如，对于热销品类，X 公司加大了研发力度，推出了更多高品质、有特色的新品；对于个性化需求，X 公司提供了定制化服务，允许消费者根据自己的喜好和需求定制商品。
>
> 同时，X 公司还优化了购物流程，提高了用户体验。比如，通过

引入智能推荐系统，X 公司能够根据用户的购物历史和浏览行为，为用户推荐符合其需求的商品；通过优化物流配送系统，X 公司实现了更快的配送速度和更高的配送准确率。

并且，为了提升用户满意度和忠诚度，X 公司采取了一系列措施。首先，X 公司加强了与用户的沟通和互动，建立了多渠道的客服体系，及时解决用户的问题和反馈。其次，X 公司推出了会员制度和积分系统，鼓励用户进行多次消费和分享。此外，X 公司还定期举办优惠活动和促销活动，吸引用户参与并增加用户黏性。

此外，在精细运营的过程中，X 公司注重降低成本和提高效率。通过引入先进的供应链管理系统和仓储管理系统，X 公司实现了更高效的库存管理和物流配送。此外，X 公司还优化了采购流程和人员配置，降低了采购成本和人力成本。

最终，经过一段时间的精细运营实践，X 公司取得了显著的成效。首先，X 公司的市场份额和用户规模实现了稳步增长。其次，用户满意度和忠诚度显著提高，复购率和分享率大幅提升。最后，X 公司的盈利能力也得到了显著提升，实现了可持续发展。

案例中 X 公司的经历充分展示了精细运营在企业管理中的重要价值。深入了解市场需求和用户需求后，企业便可以优化产品和服务，提升用户满意度和忠诚度，以及降低成本和提高效率。

总而言之，通过精细运营，企业可以更好地了解市场趋势和消费者需求，优化产品或服务，提高用户满意度和忠诚度。同时，精细运营还可以帮助企业降低成本、提高效率，实现可持续发展。

二、制订精细运营计划

一个精心制订的运营计划不仅能够帮助企业进行有序、高效地运作，还能够助力企业实现长期战略目标。以下是制订一份全面、具体的精细运营计划的大致分析。

1. 明确运营目标

在制订精细运营计划时,明确企业的运营目标是首要任务。这些目标应该是具体的、可衡量的,以便于企业能够实时监控进度并进行必要的调整。同时,这些目标还需要与企业的长期战略保持一致,确保企业的所有活动都能朝着共同的方向努力。

比如,一家电子商务企业可能设定了提高市场份额、降低运营成本及提升用户满意度等目标。这些目标不但具体可衡量,而且紧密围绕企业成为行业领先者的长期战略。

2. 分析现有资源和限制

在明确目标后,企业接下来就需要对自身的现有资源和限制进行全面分析。在此期间,我们需要评估人力资源、财务资源、技术资源等要素,还需要考虑市场竞争状况、政策法规变化等外部环境的影响。

通过对这些资源和限制的分析,我们可以更加清楚地了解企业的优势和不足。这有助于企业在制订运营计划时更加精准地把握关键点,充分利用现有资源,并规避潜在风险。

3. 制定详细的运营步骤和时间表

在了解资源和限制后,企业需要制定详细的运营步骤和时间表。这些步骤应该涵盖市场分析、产品规划、营销推广、客户服务等各个环节,促使企业的各项活动都围绕运营目标展开。

同时,企业还需要设定明确的时间节点和责任人,让计划能够按时、按质完成。这不仅有助于企业提高员工执行力,还能够确保资源的有效利用和计划的顺利推进。

4. 设定关键绩效指标

为了确保运营计划的顺利实施和效果的评估,企业需要设定关键绩效指标。这些指标应该与运营目标相一致,能够客观地反映企业的运营状况。

比如,对于提高市场份额的目标,企业可以设定用户增长率、市场份额增长等指标;对于降低运营成本的目标,企业则可以设定成本节约率、单位成本降低等指标；对于提升用户满意度的目标，企业便可以设定客户满意度、客户留存率等指标。

通过设定这些关键绩效指标，我们可以实时监控运营计划的实施情况，及时发现并解决问题。同时，这些指标还能够为企业提供客观的数据支持，帮助企业在未来制订更加精准、有效的践行运营计划。

三、精细运营的实施技巧

精细运营不仅要求企业有清晰的市场定位，还需要有细致的用户分析和高效的决策机制。因此，想要体现更高的商业价值，我们就需要掌握精细运营的实施技巧。

1. 细分市场和目标用户

在实施精细运营时，企业的首要任务是对市场和目标用户进行细分。这项工作是基于对市场和用户需求的全面了解和分析，旨在为企业制定更精准的营销策略、为产品规划提供有力支持。

我们可以通过市场调研、用户访谈等方式，收集关于不同市场和用户群体的详细数据。根据这些数据，企业可以综合年龄、性别、地域、职业、兴趣爱好等因素，将市场细分为多个子市场。每个子市场都具有独特的需求和偏好，所以我们理应针对不同子市场制定针对性的差异化营销策略。

> **案例**
>
> 一家电商平台可以根据用户的购物行为和偏好，将市场细分为"时尚潮流""家庭主妇""品质生活"等多个子市场。针对"时尚潮流"市场的用户，平台可以推出更多时尚、潮流的商品，同时加强与时尚博主、网络达人等的合作，提升用户黏性和活跃度。

2. 优化产品或服务以满足需求

在精细运营中，满足用户需求被认为是关键核心的一环。为了实现这一目标，企业需要持续优化产品或服务。这要求我们不仅需要完善产品功能，还需要提升产品性能、增强用户体验等。

企业需要收集用户反馈和数据分析，了解用户对产品或服务的满意度和不足之处，这可以通过用户调研、问卷调查、在线评价等方式实现。我们所收集到的数据可以帮助企业深入了解用户需求和期望，为优化产品或服务提供有力支持。

> **案 例**
>
> 一家在线教育机构经调研发现，用户普遍反映其课程难度较大，不易理解。针对这一问题，机构可以对课程进行优化，降低难度、增加案例分析和互动环节，提高用户的学习兴趣和效果。

除了收集用户反馈和数据分析外，我们还可以借鉴行业最佳实践和成功经验，不断提升产品或服务的竞争力。比如，可以关注竞争对手的产品特点、用户口碑等信息，并结合自身实际情况进行借鉴和改进。

3. 强化品牌建设以增加认知度

在精细运营中，品牌建设可以用来提升企业知名度和美誉度。通过加强品牌宣传和推广，企业可以建立与用户之间的情感连接，进而提升用户忠诚度和市场份额。

为了强化品牌建设，企业可以采取多种策略。

（1）企业需要明确品牌定位和核心价值主张，确保品牌形象与用户需求和市场趋势保持一致。

（2）企业可以通过社交媒体、广告投放、口碑营销等方式加强对品牌的宣传和推广。比如，开设官方微博、微信公众号等社交媒体账号，用来定期发布有价值的内容吸引用户关注；与知名博主、网络达人等合作，进行产品推广和口碑营销。

（3）通过提升产品或服务质量、优化用户体验等方式，企业也能够加强品牌建设。这些做法不仅可以提升用户满意度和忠诚度，还可以增强品牌的口碑和影响力。

4. 利用数据驱动决策以提高运营效率

在精细运营中数据是决策的重要依据。通过收集和分析各类数据，我们可以全面了解运营状况和市场趋势，在制定运营决策时才能有理有据。

企业需要建立完善的数据收集和分析体系，让数据更加准确和完整。此时，我们需要收集用户行为数据、销售数据、库存数据等各类数据；同时还需要运用数据分析工具和技术对数据进行深入挖掘和分析，旨在发现潜在的问题和机会。

比如一家电商平台可以通过数据分析了解用户购物行为、搜索关键词等信息，据此调整商品推荐算法和营销策略，以便于提高用户购物体验和转化率。

同时企业还需要注重数据的时效性和应用价值，我们可以根据数据分析结果及时调整运营策略和资源配置，确保企业的运营效率和竞争力。

第三节 盈利能力提升：持续创新，开拓增长新途径

如果想要企业达到基业长青的高度，就必须认识到盈利能力的确是其背后的核心驱动力。盈利能力不仅关系到企业当下的生存境遇，还影响着后期的持续发展。因此，我们可以深入了解盈利能力的定义与重要性，并探讨如何通过不断创新和开拓新的增长点来提升盈利能力，如图 6-3 所示。

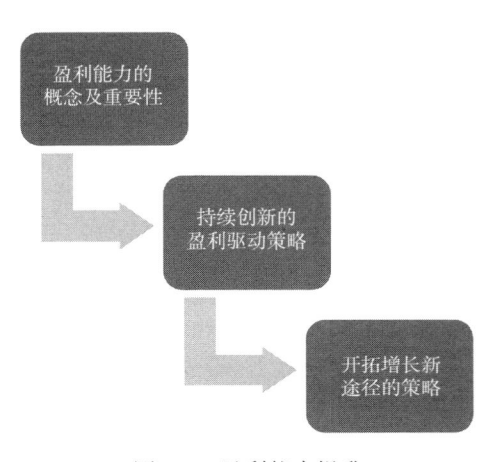

图 6-3 盈利能力提升

一、盈利能力的概念及重要性

盈利能力，即企业在一定时期内通过经营活动获取利润的能力。盈利能力越强的企业，越能够在激烈的市场竞争中保持优势，实现持续增长。一个企业的盈利能力不仅决定了其生存的基础，更是推动其不断发展壮大的关键因素。

1. 盈利能力对企业发展的重要作用

> **案例**
>
> 某企业专注于研发和生产智能家居产品。随着智能家居市场的迅速增长，该公司也面临着日益激烈的竞争和不断变化的市场需求，因此，决定通过提升盈利能力来实现全面发展。
>
> 一、如何提升盈利能力
>
> 1.通过优化生产流程，降低制造成本
>
> 引进先进的生产设备，提高生产自动化水平，减少人力成本。
>
> （1）加强供应链管理，与供应商建立长期合作关系，确保原材料供应的稳定性和成本的可控性。
>
> （2）推行精益管理，减少浪费，提高生产效率。
>
> 2.加大市场营销力度
>
> 通过线上线下多种渠道扩大产品曝光度。与电商平台合作，开展促销活动，吸引更多消费者。
>
> （1）加强品牌建设，提升品牌知名度和美誉度。通过参加行业展会、举办新品发布会等方式，提升品牌影响力。
>
> （2）拓展海外市场，拓展业务边界。与国际知名企业合作，引进先进技术和管理经验，提升产品的国际竞争力。
>
> 3.投入大量资金用于研发创新，不断推出具有竞争力的新产品
>
> 加强与高校和科研机构的合作，引进优秀人才，提高研发团队实力。
>
> 4.关注行业发展趋势和消费者需求变化，及时调整研发方向
>
> 注重产品差异化设计，满足不同消费者的个性化需求。
>
> 5.加强对知识产权的保护和管理，确保公司技术的安全和稳定

二、收获

通过一系列的努力，该企业在后续发展过程中收获颇多。

1. 盈利能力显著提升

通过实施成本控制、市场拓展和研发创新等策略，公司的盈利能力得到了显著提升。公司收入稳步增长，利润率不断提高。

2. 企业规模不断扩大

随着盈利能力的提升，公司有更多的资金用于扩大生产规模和拓展市场。公司不断增设生产基地和销售网点，提高了市场占有率。

3. 社会信誉度增强

公司通过创造税收和就业机会，积极履行社会责任。公司注重产品质量和售后服务，赢得了消费者的广泛好评。同时，公司还积极参与公益活动，提升了社会形象。

4. 行业地位稳固

公司凭借强大的盈利能力和良好的品牌形象，在智能家居行业中树立了领先地位。公司的产品和技术得到了行业内的广泛认可，为公司的长远发展奠定了坚实基础。

经过对上述案例的深入剖析，我们不难发现，企业对于盈利能力的重视，其积极效应远不止于盈利水平的提升。当我们足够重视企业的盈利能力时，就能够明确未来的发展策略与方针，同时也能够在社会中赢得广泛信誉。

2. 盈利能力提升与市场竞争力的关系

一个企业的盈利能力提高，就代表拥有更强的竞争实力，同样地，一个企业具备强劲的市场竞争力时，也会更有能力获得盈利。因此，我们可以认为盈利能力与市场竞争力之间的关系是相互影响、相互促进的。

（1）盈利能力提升增强市场竞争力。企业的盈利能力越强，就越能够投入更多的资金和资源来提升产品和服务的质量，也就越能够满足消费者的需求。这不仅可以提高客户满意度和忠诚度，还能够为企业赢得更多的市场份额和竞争优势。同时，盈利能力强的企业还能够通过价格战、品牌宣传等手段增加自身竞争力，进一步巩固其市场地位。

（2）市场竞争促进盈利能力提升。激烈的市场竞争往往能够激发企业的创新意识和进取心。为了不在竞争中被淘汰或遗落,企业需要不断提高自身的盈利能力。通过降低成本、提高效率、优化管理等手段,企业大多可以在保持产品质量的同时,创造更大的利润空间。在这样的情况下,企业就可以将市场竞争带来的压力逐步转化为追求盈利的动力。

二、持续创新的盈利驱动策略

在提升盈利能力的过程中持续地进行创新,主要体现在产品创新、技术创新,以及商业模式创新等方面。

1. 产品创新:打造差异化竞争优势

通过市场调研和用户需求分析,企业可以充分了解市场趋势和客户需求,从而设计出具备创新性和竞争力的产品。在产品设计和迭代过程中,企业需要注重细节和用户体验,要让客户的需求和期望得以满足。同时,企业还需要重点收集产品上市后的反馈,以便及时调整产品策略和改进产品性能。

2. 技术创新:提升生产效率与降低成本

在引入新技术和设备后,企业就可以合理的优化生产流程和管理,提高生产效率和质量。同时,技术创新还能帮助企业降低生产成本和能耗,进一步提升企业的盈利能力。与此同时企业也应该培养一支专业的技术团队,并提升员工的研发能力,为此还需要持续投入研发资金和资源。

3. 商业模式创新:拓展盈利渠道

通过探索新的市场领域和客户需求,企业可以发掘新的盈利点。同时,企业还可以创新合作与共赢模式,以便于与其他企业或机构建立紧密的合作关系,共同开拓市场、分享资源。另外,时代的产物也可以被企业应用,我们可以利用数字化营销和品牌建设等手段,提高品牌知名度和美誉度,吸引更多的客户和合作伙伴。

三、开拓增长新途径的策略

在追求持续创新的同时,企业更应该积极探索增长盈利的新路径,以便全面提升盈利能力。我们不仅需要对新市场增长点有敏锐的洞察,还需要拓展海外市场、推进国际化进程。精心打造品牌形象、不断深化与客户的联系、提升其忠诚度，这些都是明智的举措，只要行动合理，就可以成为企业增加竞争优势的助力。

1. 发掘新的市场增长点

企业可以通过细分市场分析和定位来发掘新的市场增长点。首先，了解市场的整体趋势和竞争格局，找到具有潜力的细分市场。之后，针对这些细分市场推出定制化的产品和服务，满足客户的个性化需求。通过不断挖掘和拓展新的市场增长点，我们便可以帮助企业实现快速增长和盈利能力的提升。

2. 拓展海外市场与国际化战略

拓展海外市场是繁荣国际贸易背景下，企业实现盈利增长的重要途径之一。了解海外市场的特点和需求是首要工作，同时我们也应该建立海外销售渠道和合作伙伴关系。但是，海外市场存在诸多的风险和挑战，如文化差异、法律法规、贸易壁垒等。我们可以通过制定合适的国际化战略和风险管理策略，让企业拓展海外市场的规划合理合规。

3. 打造品牌与提升客户忠诚度

品牌是企业的重要资产之一。企业树立品牌形象和价值观，可以帮它吸引更多的客户和合作伙伴，并与对方建立长期稳定的合作关系。同时，提升客户体验和满意度也可以打造品牌和提升客户忠诚度，企业可以通过提供优质的产品和服务、建立完善的客户服务体系、开展客户满意度调查等方式来提升客户体验和满意度，进而增强客户忠诚度，并为企业带来持续的盈利增长。

第四节 风险防范行动：守护资金安全，保障稳健运营

市场竞争加剧、经营规模的扩大，都让企业的资金安全问题逐渐浮现，如果我们不能有效防范资金安全带来的风险，就很难保证稳定的运营和发展。就目前来看，采取风险防范行动越早的企业，越能够更好地守护自身的资金安全，从而能够维持长期稳健的发展。一般而言，风险防范行动需要按照风险类型确认、防范策略制定、防范行为落实的步骤来实现，如图 6-4 所示。

```
┌─────────────────────────────┐
│  常见的资金安全风险类型      │
└─────────────────────────────┘
┌─────────────────────────────┐
│  风险防范策略与措施的全面构建│
└─────────────────────────────┘
┌─────────────────────────────┐
│  风险防范的具体措施          │
└─────────────────────────────┘
```

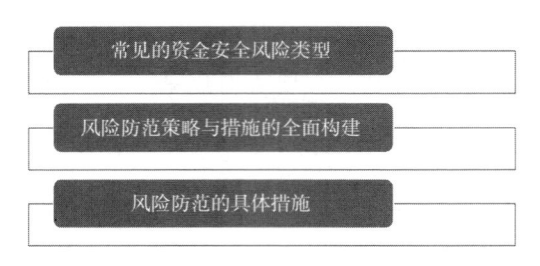

图 6-4　风险防范行动

一、常见的资金安全风险类型

我们可以将常见的威胁类型分为内部资金安全风险与外部资金安全风险两大类。这两种风险，多数情况下在企业运营中共同存在，只有辨别清晰，才可以"对症下药"，因此，我们需要对它们进行细致入微的了解与精准判断。

1. 内部资金安全风险

内部资金安全风险主要源于企业内部管理和操作的疏漏。其中，欺诈行为是最为严重的，也是最为常见的，它包括员工利用职务之便进行非法资金转移、挪用公款等行为。此外，误操作也会带来内部资金安全风险，如因操作失误导致的资金损失或流失。内部控制缺陷也是不容忽视的风险点，如审批流程不完善、权限设置不合理等，都可能给企业的资金安全带来隐患。

2. 外部资金安全风险

与内部风险相对应，外部资金安全风险大多来源于市场的不确定性和外部环境的变化。市场风险是外部风险的主要表现形式，包括信用风险、市场风险、流动性风险等。信用风险是指因交易对手违约而导致的资金损失；市场风险则是指因市场价格波动而导致的资金损失；流动性风险则是指企业无法及时获取足够资金以满足其正常运营需求的风险。此外，法律风险也是值得重视的外部资金安全风险，如因违反法律法规而导致的资金损失或法律纠纷。

二、风险防范策略与措施的全面构建

资金风险问题越多，企业的稳定发展就越依赖于相应的防控策略，所以我们应该探索和掌握该如何制定和实施一套完善的风险防范策略，以确保发展运营的稳健性和安全性。

1. 资金风险防范的基本原则

在构建风险防范策略时，企业应坚持全面性原则、预防为主原则、灵活适应原则和责任明确原则。

（1）全面性原则。风险防范必须渗透到企业运营的每个角落，从供应链到销售，从人力资源管理到财务管理，每个环节都不可忽视。

（2）预防为主原则。企业应建立健全完善的风险管理制度和流程，用来前置性地预防资金安全风险的发生。

（3）灵活适应原则。风险会因为市场环境变化、企业发展需求变化等而发生变动，为了更好地应对，我们应该灵活地调整原有的风险防控策略。

（4）责任明确原则。清晰界定各级管理人员在风险防范中的职责和权力，确保风险防范工作的每个环节都能有效实施。

2. 构建健全的风险管理体系

> 案 例
>
> ## 某金融企业的风险管理体系建设
>
> 作为一家专注于提供金融服务和解决方案的创新型企业，A公司深刻认识到资金安全风险对企业稳健发展的重要性。为了防范资金安全风险，A公司决定构建一个健全的风险管理体系。
>
> A公司首先从提升员工的风险意识入手。通过定期举办内部培训讲座，邀请风险管理领域的专家为员工解读当前金融市场中的风险趋势和案例。同时，公司还通过内部宣传海报、电子邮件和社交媒体等多种渠道，普及资金安全风险知识，增强员工的风险防范意识。在此基础上，A公司鼓励员工积极参与风险防范工作，设立了内部风险报告机制，鼓励员工主动上报潜在风险。
>
> 在风险管理体系建设方面，A公司注重流程的优化和规范化。公司成立了专门的风险管理部门，负责制定和执行风险管理政策。风险管理部门根据企业实际情况，制定了一套标准化的风险管理

流程和操作规范，确保风险管理工作的高效、规范运行。同时，A公司还建立了风险信息收集、分析和共享机制，通过定期召开风险评估会议、发布风险报告等方式，提高风险预警和应对能力。

在风险管理流程中，A公司特别强调了风险识别、风险评估、风险控制和风险监控四个关键环节。通过采用先进的风险识别工具和方法，A公司能够及时发现潜在风险；通过运用量化分析模型，A公司能够对风险进行准确评估；通过制定针对性的风险控制措施，A公司能够有效降低风险发生的概率和影响程度；通过建立持续的风险监控机制，A公司能够确保风险管理的持续性和有效性。

经过一系列的努力和实践，A公司的风险管理体系取得了显著成效。员工的风险意识明显提高，风险防范工作得到了有效落实；风险管理流程更加规范、高效，风险预警和应对能力大幅提升；资金安全风险得到了有效控制，企业的稳健发展得到了有力保障。

A公司的案例充分证明了一个健全的风险管理体系是防范资金安全风险的关键。而构建风险管理体系可以从以下方面入手。

（1）加强风险意识和文化建设。企业应通过内部培训、宣传活动等方式，让员工充分认识到资金安全风险的重要性，并自觉参与到风险防范工作中来。

（2）持续优化风险管理流程。企业应制定标准化的风险管理流程和操作规范，确保风险管理工作的高效、规范运行。

（3）不断收集与分析风险信息。企业应注重风险信息的收集、分析和共享机制的建设，提高风险预警和应对能力。

三、风险防范的具体措施

想要守护资金安全，企业既需要从内部筑牢防线，又需要从外部加强保护。这要求企业不仅要将内部控制措施的制定与实施放在关键位置，还需要密切关注与外部合作伙伴的协作，同时需要构建完备的风险保障机制，从而共同创设一个坚不可摧的、稳定运作的资金安全体系。

1. 内部控制措施

常见的企业内部控制措施有设立风险管理部门、制定严格的资金管理制度及加强内部审计与监督。这些措施的详细内容如下。

(1)设立风险管理部门。企业应设立专门的风险管理部门，负责全面协调和监督风险防范工作。该部门应具备独立性和专业性，确保风险防范工作的客观性和有效性。

(2)制定严格的资金管理制度。企业应制定详细的资金管理制度，明确资金使用的审批流程、权限设置等，确保资金使用的合规性和安全性。同时，企业还应定期对资金管理制度进行审查和更新，以适应不断变化的市场环境和企业需求。

(3)加强内部审计和监督。企业应加强对内部审计和监督的力度，定期或不定期地对企业的资金管理情况进行检查和评估。对于发现的问题，应及时进行整改和纠正，防止风险进一步扩大。

2. 外部合作与保障

想要维护资金安全，企业可以通过加强外部合作与保障来达成。一般可采取的措施包括与金融机构建立稳固的合作关系、引入第三方风险管理服务、严格遵守相关法律法规和行业标准等，不同措施的详细内容如下。

(1)与金融机构建立良好的合作关系。积极与金融机构建立长期稳定的合作关系，企业就可以借助金融机构的专业能力和资源优势，提高资金安全水平。比如，我们可以与银行合作，建立资金托管关系，确保资金的安全和合规使用。

(2)引入第三方风险管理服务。尝试引入专业的第三方风险管理服务机构，可以为企业提供全面的风险管理咨询和服务。这些机构大多具有丰富的行业经验和专业知识，能够帮助企业更为准确地识别和应对资金安全风险。

(3)遵守相关法律法规和行业标准。严格遵守国家法律法规和行业标准，可以规范企业的经营行为。同时，企业需要密切关注法律法规和行业标准的更新变化，以便于及时调整和完善自身的风险防范策略。比如，我们理应遵守反洗钱、反恐怖融资等相关法律法规，降低因违法违规行为而引发的资金安全风险。

第七章　筹资管理与企业价值的共同提升

筹资管理与公司价值的共同提升，不仅依赖于有效的内部控制措施，还需要通过多元化的筹资渠道和方式，以及外部合作与保障来实现。一方面，企业应根据自身发展需求和风险承受能力，合理选择筹资渠道和方式，如银行贷款、债券发行、股权融资等，以优化资本结构，降低融资成本。另一方面，通过与金融机构和第三方风险管理服务机构的合作，企业可以获得更为专业的资金管理和风险控制支持，从而提升筹资效率和安全性。

第一节　筹资渠道与方式：多元选择，助力企业发展

筹资渠道与方式的选择对企业来说不是轻拿轻放、随意对待的工作项目，因为它同样会影响企业的生存与发展。为做好相关工作，我们需要深刻理解筹资渠道的重要性，掌握多元化的筹资方式及其必要性，同时也可以结合财税合规和智慧管理两大关键领域，分析如何有效推动企业发展，如图7-1所示。

筹资渠道与方式

01　筹资渠道的重要性
02　常见的筹资渠道与筹资方式的选择
03　财税合规在筹资中的关键作用
04　智慧管理提升筹资效率

图7-1　筹资渠道与方式

一、筹资渠道的重要性

> **案例**
>
> **多元化筹资渠道助力企业快速扩张**
>
> 随着市场竞争的加剧和技术创新的推进，Z公司面临着快速扩张和提升市场份额的迫切需求。然而，扩张和研发需要大量的资金支持，这要求Z公司必须找到多元化的筹资渠道，以满足公司不同阶段的资金需求。
>
> 一、筹资渠道策略
>
> 1. 银行贷款
>
> Z公司凭借其良好的信用记录和稳健的经营状况，成功从多家银行获得了低成本的长期贷款。这些资金主要用于公司日常运营和扩大生产规模。
>
> 2. 发行债券
>
> 为了获得更多长期稳定的资金来源，Z公司选择发行公司债券。债券的成功发行不仅为公司筹集了大量资金，还提升了公司的市场知名度和信誉度。
>
> 3. 股权融资
>
> 为了吸引更多的投资者和战略伙伴，Z公司积极开展股权融资活动。通过私募股权融资和公开上市等方式，公司成功吸引了众多知名投资机构和投资者的关注，为公司的发展注入了强大的资本动力。
>
> 4. 政府扶持资金
>
> Z公司充分利用政府对企业创新和发展的扶持政策，积极申请各类政府扶持资金。这些资金有效降低了公司的研发成本和经营风险，提升了公司的市场竞争力。
>
> 二、筹资渠道对企业的影响
>
> 1. 助力企业快速扩张
>
> 通过多元化的筹资渠道，Z公司成功筹集了大量资金，为公司的快

速扩张提供了有力支持。公司的生产规模和市场份额均实现了显著增长。

2. 提升企业信誉度

成功的筹资活动不仅为 Z 公司带来了资金支持，还提升了公司的市场信誉度。这使得公司在与供应商、客户和其他合作伙伴的合作中更具优势。

3. 优化资本结构

多元化的筹资渠道使 Z 公司的资本结构更加合理。公司通过合理搭配不同期限、不同成本的资金，降低了整体资金成本，提高了公司的盈利能力。

4. 增强抗风险能力

通过多元化的筹资渠道，Z 公司能够在市场波动时保持稳定的资金来源。这使得公司在面对各种经营风险时更具韧性和抵御能力。

案例中的 Z 公司通过多元化的筹资渠道成功实现了快速扩张和市场竞争力的提升。这一案例充分说明企业的生存和发展离不开资金的支持，而筹资渠道，作为获取资金的重要途径，对于企业的成长和发展的影响也是难以忽略的，具体分析如下。

1. 为企业提供必要的资金支持

无论是初创企业的启动资金，还是成熟企业的扩张资金，都需要通过合适合理的筹资渠道来筹集资金。没有足够的资金支持，企业在运营过程中可能会举步维艰，所以我们需要找到合适的筹资渠道，才可以及时获取所需资金，保障企业的正常运营和发展。

2. 直接影响到企业的财务成本和风险控制

不同的筹资渠道具有不同的资金成本、还款期限和风险特征。自身的经营情况和市场环境都是企业需要考虑到的因素，选择最适合自己的筹资渠道才最重要。比如，银行贷款通常具有较低的资金成本，但还款期限较长，且需要企业提供一定的抵押或担保；股权融资虽然无须偿还本金，但可能会稀释企业的控制权。因此，合理选择筹资渠道，是企业降低财务成本，控制风险的关键。

二、常见的筹资渠道与筹资方式的选择

筹资渠道是指企业获取资金的途径，而筹资方式则是企业通过这些途径获取资金的具体方法。不同的筹资渠道和方式各有特点，适用于不同的企业场景和需求。

1. 常见的筹资渠道

在探讨筹资渠道时，常见的方式包括股权融资、债权融资及政府补助与奖励等。以下是这些不同筹资渠道的大致概述。

（1）股权融资。股权融资是指企业通过出售股权来获得资金。这种筹资方式可以帮助企业迅速扩大规模，增加资本实力。股权融资的具体形式包括以下内容。

私募股权融资：向特定的投资者出售股权，以获取资金支持。这种方式适用于初创企业和高成长性的中小企业。

上市融资：在证券交易所上市发行股票，向公众筹集资金。上市融资可以为企业带来大量的资金支持，提高知名度，但也会对企业治理和财务透明度有更高的要求。

股权激励与员工持股计划：向员工发放股权或期权，激励员工积极工作，同时也可以为企业筹集一定的资金。

（2）债权融资。债权融资是指企业通过借款或发行债券等方式，以债务形式筹集资金。债权融资的具体形式包括以下内容。

银行贷款：向银行申请贷款，获得资金支持。银行贷款通常利率较低，但需要企业提供担保或抵押物。

债券发行：发行债券，向投资者筹集资金。进行债券发行的企业通常需要有较高的信用评级和稳定的盈利能力。

应收账款融资：将应收账款转让给金融机构，获得资金支持。这种方式适用于应收账款较多、流动性较差的企业。

（3）政府补助与奖励。为了鼓励企业发展，当地政府可能会适当地提供一些补助和奖励政策。企业可以通过解读政府相关扶持政策，明确自身是否符合申请条件，如果符合则可以按照规定的流程进行申请。政府补助与奖励不仅可以减轻企业的资金压力，还可以提高企业的市场竞争力。

（4）其他筹资方式。除了上述常见的筹资渠道外，还有一些其他的筹资方式，如下所述。

众筹：通过互联网平台，向广大网友筹集资金。众筹适用于创意型、创新

型项目，可以迅速吸引大量关注和支持。

租赁融资：企业通过租赁设备或场地等方式，获得资金支持。这种方式可以减轻企业的固定资产投资压力，提高资金使用效率。

供应链金融：企业通过与供应链上的其他企业合作，实现资金共享和风险共担。这种方式有助于增强企业供应链的稳定性和协同性。

2.筹资方式的选择

企业在选择筹资方式时，需要综合考虑自身的实际情况和需求。具体来说，可以从以下方面进行分析。

（1）资金需求和用途。企业若明确自己的资金需求和用途，便能选择最适合的筹资方式。比如，当企业需要扩大生产规模时，可以选择股权融资或银行贷款；当企业需要短期资金周转时，则可以选择应收账款融资或租赁融资。

（2）成本和风险。不同的筹资方式具有不同的成本和风险特性，只有在权衡利弊后，企业才可以选择出成本较低、风险较小的筹资方式。比如，上市融资为企业带来大量资金支持的同时，也要求企业承担较高的财务透明度和治理成本；相较之下，银行贷款利率虽然较低，但审批流程较长。

（3）企业自身条件。企业需要考虑信用评级、盈利能力、抵押物等条件，进而选择最适合自己的筹资方式。比如，发行债券或获得银行贷款适用于信用评级较高的企业；私募股权融资或众筹等方式则更适合初创企业。

三、财税合规在筹资中的关键作用

1.我们要明确财税合规在筹资中的核心地位

财税合规，即企业在财务和税务方面遵循法律法规、规章制度及道德准则的行为。在筹资过程中，财税合规不仅关乎企业的信誉和声誉，更关系到企业的长期发展。合规的企业在筹资时更容易获得投资人的信任和支持，从而能够使资金筹集工作更加顺利。同时，财税合规也可以助力企业防范财务风险、保护自身的经济权益。

2.我们将对与筹资活动密切相关的税法规定进行深度解读

税法规定是国家对企业财务和税务行为的规范性要求，企业在筹资过程中必须做到严格遵守。比如，企业所得税法、个人所得税法、增值税法等，都是企业在筹资过程中需要重点关注和遵循的税法规定。这些税法规定明确指出企业的纳税义务和税收优惠政策，为企业提供了明确的税务指导。

同时，我们还要注意到，国家为了鼓励企业发展、优化营商环境，出台了一系列的税收优惠政策。比如，对符合条件的高新技术企业、小型微利企业等，国家给予了税收减免、加计扣除等优惠政策。这些政策旨在降低企业的税务负担，提高企业的筹资能力。

为了更好地理解和应用这些税法规定和优惠政策，企业需要加强对财税合规方面意识的培养和提升。首先，我们可以建立健全财务和税务管理制度，保证财务和税务信息的真实、准确、完整。同时，我们还需要加强对税法规定的学习和了解，及时关注国家税收政策的调整和变化，以便更好地利用税收优惠政策降低企业的税务负担。

四、智慧管理提升筹资效率

在筹资领域，智慧管理的作用是不容忽视的。具体而言，其在筹资中的应用主要体现在以下方面。

1. 精准定位筹资需求

通过大数据分析，智慧管理能够精准地把握市场需求和潜在投资者的投资偏好，为筹资方提供有针对性的筹资策略。

2. 优化筹资渠道

智慧管理可以帮助筹资方快速了解各种筹资渠道的特点和优势，从而选择最适合自身发展的筹资渠道，降低筹资成本。

3. 提升筹资效率

借助智能化工具和平台，智慧管理能够实现筹资信息的快速传播和互动，缩短筹资周期，提高筹资效率。

以某初创企业为例，该企业通过引入智慧管理系统，实现了对筹资活动的全面优化。首先，通过对市场需求和投资者偏好的深入分析，企业可以制定符合市场趋势的筹资策略；其次，利用智能化工具和平台，企业能够吸引大量潜在投资者的关注，并成功完成了多轮融资；最后，智慧管理系统的应用还帮助企业在筹资过程中降低了沟通成本和时间成本，进一步提升了筹资效率。

第二节 筹资结构优化：平衡成本与风险，实现最优配置

筹资结构的优化是筹资管理过程中的一个核心环节，它可以直接影响到企业的融资成本、资金流动性及长期稳健发展。如果企业想要完善筹资管理，就必须对筹资结构优化的内容进行深入的探讨与了解，如图7-2所示，这是一项重要且必要的任务。

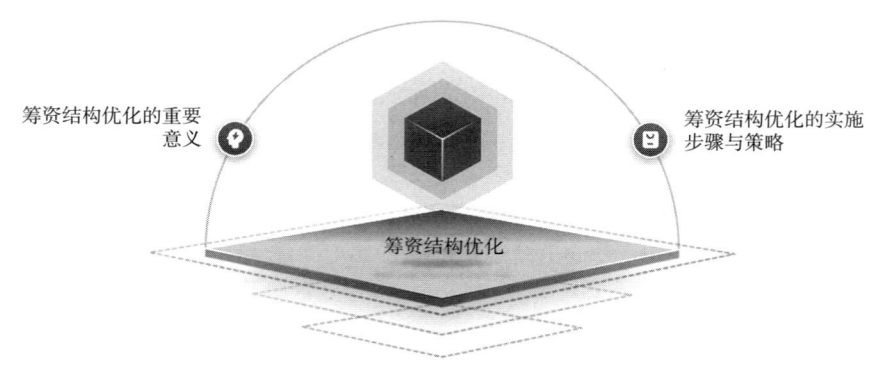

图 7-2 筹资结构优化

一、筹资结构优化的重要意义

一个合理的筹资结构可以降低企业的筹资成本，提高筹资效率，从而为企业看到更多的发展机遇。同时，持续优化筹资结构还能够提高企业抵御风险的能力，使其保持稳定的财务状况。优化筹资结构也可以帮助企业更加灵活地应对各种挑战，确保自身的长期发展。

1.筹资结构优化对筹资管理的作用

筹资结构优化的直接效果主要体现在筹资管理上，具体包括降低企业的筹资成本、提升筹资效率、增强企业的抗风险能力，以及提升企业的市场形象和信誉度。

（1）降低企业的筹资成本。一个合理的筹资结构，可以让企业在不同的筹资方式中找到最佳的成本平衡点，从而实现成本的最小化。比如，通过增加

内源筹资的比重，我们就可以减少对外部融资的依赖，一方面可以降低利息支出，另一方面还能避免外部融资带来的额外费用和风险。

（2）提升企业的筹资效率。筹资效率是指企业筹集资金的速度和效果。被优化过的筹资结构，能够帮助企业在短时间内筹集到所需要的资金，并且确保资金的使用效果最大化。比如，我们可以通过优化债务结构，合理安排长短期债务的比例，使得资金在需要时能够及时到位，同时避免资金不足造成的不良影响。

（3）增强企业的抗风险能力。企业面临着各种潜在的风险，如市场风险、信用风险、流动性风险等。一个合理的筹资结构，能够使得企业在面临这些风险时具备足够的弹性和抗压能力。比如，通过引入战略投资者，企业可以获得更加稳定的资金来源，并且能够与战略投资者的合作共同应对市场变化和风险挑战。

（4）提升企业的市场形象和信誉度。一个健康、合理的筹资结构，能够向外界传递出企业稳健经营、健康发展的积极信号。这就使得企业的市场形象和信誉度有所提升，有利于吸引更多的投资者和合作伙伴，进一步拓展企业的融资渠道和资源网络。

2.筹资结构优化的案例分析

案 例

某知名企业，作为行业的领军企业，一直注重筹资结构的合理性。然而，随着市场环境的不断变化和企业自身规模的扩大，原有的筹资结构逐渐暴露出一些问题，如资金成本过高、融资渠道单一等。为了应对这些问题，该企业决定进行筹资结构优化。

1.多元化融资渠道

该企业首先拓宽了融资渠道，不仅利用传统的银行贷款，还积极尝试发行债券、股权融资等多元化的融资方式。这种策略不仅降低了资金成本，还增强了企业的融资能力。

2.优化债务结构

针对债务结构不合理的问题，该企业通过债务重组、提前还款等方式，降低了短期债务的比重，增加了长期债务的比例。这种优化使得企业的债务结构更加稳健，降低了财务风险。

3. 加强资本管理

该企业还注重加强资本管理，通过提高资金使用效率、降低库存成本等方式，增强了企业的盈利能力。这种管理方式的改善，为筹资结构的优化提供了有力支持。

经过一系列的优化措施，该企业的筹资结构得到了显著改善。首先，资金成本得到了有效降低，使得企业能够以更低的成本获取资金。其次，融资渠道的拓宽增强了企业的融资能力，为企业的发展提供了更多选择。最后，资本管理的加强使得企业的盈利能力得到了提升，进一步巩固了企业在行业中的领先地位。

分析该企业的筹资结构优化细节，我们可以获得以下启示。首先，筹资结构的优化可以根据企业自身的情况和市场环境的变化进行灵活调整。其次，多元化融资渠道和债务结构的优化是筹资结构优化的重要手段。最后，加强资本管理能够有效提高筹资结构优化的效果。

在实际操作中，企业应根据自身的实际情况、市场环境的变化，制定符合自身特点的筹资结构优化策略。同时，企业还应注重风险防控，目的是确保筹资结构优化的过程中不出现过度依赖某一融资渠道或债务结构过于单一等问题。

二、筹资结构优化的实施步骤与策略

合理安排筹资结构不仅能提升企业的财务稳定性和可持续发展能力，还能为企业的长期战略目标提供资金支持。那么，究竟如何进行筹资结构的优化呢？此时，企业就需要掌握其实施步骤与策略。

1. 筹资结构优化的实施步骤

筹资结构优化的实施步骤一般包括评估现有筹资结构、明确优化目标、制定优化方案、实施方案并监控效果，每个环节的主要工作内容大致如下。

（1）评估现有筹资结构。首先，针对当前的筹资结构，企业需要进行全面的评估，此时，我们分析各种筹资方式的占比、成本、风险及对企业整体财务状况的影响。通过这一步骤，企业可以清晰地了解自身筹资结构的现状，能够让后续的优化工作更精确。

（2）明确优化目标。在评估现有筹资结构的基础上，企业需要明确筹资结构优化的目标，降低筹资成本和财务风险，提高资金使用效率等方面。明确的优化目标会指导我们在后续的优化过程中保持正确的方向。

（3）制定优化方案。企业需要根据优化目标，制定出具体的筹资结构优化方案。其中，包括调整各种筹资方式的占比、选择更适合企业的筹资方式、优化筹资渠道等。制定优化方案时，我们需要综合全面的考虑市场环境、自身实力、行业竞争等因素，确保方案的可行性和有效性。

（4）实施方案并监控效果。制定好优化方案后，企业需要积极实施方案并监控效果。在实施过程中，我们需要持续关注市场环境的变化，及时调整方案；在监控效果时，通过财务数据分析等方式，我们则可以了解筹资结构优化后的实际效果。

2. 筹资结构优化的策略

掌握筹资结构优化策略是企业高效执行相关工作的关键所在，其中常见的策略包括多元化筹资渠道、优化债务结构、提高资产质量及加强风险管理等。

（1）多元化筹资渠道。企业可以通过发行股票、债券、引入战略投资者等方式拓宽筹资渠道，有效降低筹资成本，提高筹资效率。同时，多元化筹资渠道还能将企业的财务风险尽可能地降低，从而增强企业的财务稳定性。

（2）优化债务结构。优化债务结构的途径有很多，比如降低短期债务占比、提高长期债务占比、降低高成本债务占比等。通过优化债务结构，企业可以降低财务风险，提高偿债能力，为未来的发展提供更加稳健的资金支持。

（3）提高资产质量。企业可以通过加强资产管理、优化资产配置、提高资产运营效率等方式来提高资产质量。企业的筹资能力会随着资产质量的提高而增强，这有利于企业在筹资过程中获得更多的优势。

（4）加强风险管理。企业需要建立完善的风险管理体系，预测、评估和控制筹资过程中可能出现的风险。加强风险管理后，企业就可以有效降低筹资风险，确保筹资活动的顺利进行。

第三节　筹资成本控制：精打细算，降低财务负担

筹资成本一般包括资金利息、手续费、发行费等各种费用。该成本数值的高低直接关系到企业的财务结构、偿债能力和经营效率。筹资成本过高会加大企业的财务负担，降低盈利能力，甚至危及企业的生存。因此，企业想要实现可持续发展，就必须重视对筹资成本的控制，如图7-3所示。

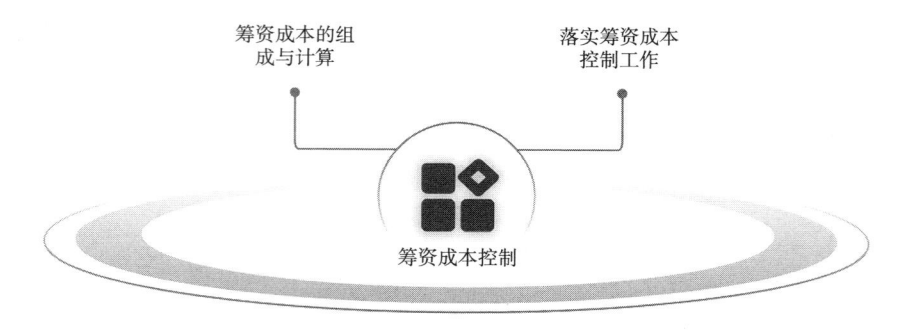

图7-3　筹资成本控制

一、筹资成本的组成与计算

筹资成本是企业在进行资金筹集过程中，为了获得所需资金而付出的必然代价。这一成本不仅关乎企业的资金流动性，还直接影响其经营效益和长期发展。

1. 筹资成本的组成

筹资成本通常包含两大部分：显性成本和隐性成本。

显性成本主要是指企业在筹资过程中需要直接支付的费用，如借款利息、债券利息、发行股票所需支付的股息等。这些费用是企业必须支付的，是筹资成本的主要组成部分。

隐性成本则包括由于筹资方式选择而可能产生的额外费用或机会成本。比如，选择发行股票筹资，可能会因股本增加而导致每股收益稀释，从而影响企

业价值；选择短期借款筹资，虽然短期内成本较低，但可能因还款期限短而面临较高的资金压力，就会增加经营风险。

2.筹资成本的计算

筹资成本的计算通常需要考虑多种因素，如筹资额度、筹资期限、筹资方式等。以下是几种常见的筹资成本计算方法。

（1）加权平均资本成本。该成本反映企业全部资本成本水平的指标，它将企业各种长期资金的成本以各自占总资本的比重为权数加权平均计算得出。这种方法能够全面反映企业的筹资成本，在企业的后期决策中有很大的参考性。

（2）债务成本。该成本主要指企业通过借款或发行债券等方式筹集资金所需支付的利息。其计算方法一般较为简单，通常为年利率乘以筹资额。但需要注意的是，债务成本还需要考虑税盾效应，即利息支出可以减少企业应税收入，是可以降低实际税负的。

（3）权益成本。该成本是指企业通过发行股票等方式筹集资金所需支付的股息。其计算方法比较复杂，一般需要采用资本资产定价模型（CAPM）等进行估算。权益成本反映出投资者对企业未来收益的预期，是企业筹资成本中重要的信息部分。

二、落实筹资成本控制工作

企业资金的高效、合理使用，依托于企业全面深入地实施筹资成本控制工作。为此，我们不仅要掌握切实可行的策略，还要深入了解具体工作的实施步骤。

1.筹资成本控制策略

筹资成本控制策略是企业为了降低筹资成本而采取的一系列措施和方法的总和。这些策略通常基于对企业财务状况、市场环境、筹资渠道等多方面的深入分析，旨在实现筹资成本的最小化和最合理化。

（1）优化筹资结构。我们应该进行合理的债务和股权比例设置，优化筹资结构。适当增加股权融资，降低债务比例，企业就可以减少利息支出，从而降低筹资成本。同时，根据项目的风险收益特性，选择最适合的筹资方式，也是降低筹资成本的有效途径。

（2）拓展筹资渠道。我们需要积极寻找多元化的筹资渠道，如银行贷款、发行债券、股权融资等。通过比较不同渠道的筹资成本，就可以选择成本最低的筹资方式。当然，降低筹资成本的有效手段还有不少，比如与金融机构建立良好的合作关系就是不错的选择，这样就可以争取到更优惠的利率和条件。

（3）加强预算管理。我们可以通过预算管理，合理控制筹资规模和时间。根据发展战略和财务规划，企业可以制定合理的筹资预算，确保筹资规模与企业的实际需求相匹配。同时，经过合理的筹资时间安排，企业也可以避免资金闲置或短缺的情况，从而降低筹资成本。

2.筹资成本控制的实施步骤

案 例

某公司近年来发展迅速，为了扩大市场份额和技术研发，公司需要大量资金投入。然而，随着市场竞争的加剧，筹资成本不断上升，给公司的经营带来了不小的压力。为了降低筹资成本，该公司决定实施筹资成本控制策略。

实施步骤如下：

1.分析企业筹资现状

该科技公司首先对其筹资结构进行了梳理，发现其主要依赖银行贷款和发行债券两种筹资方式。

随后，公司分析了筹资成本，发现由于市场环境变化和银行政策调整，筹资成本逐年上升。

同时，公司也发现与竞争对手相比，其筹资成本偏高，主要原因在于筹资结构不够合理，以及筹资渠道较为单一。

2.制定筹资成本控制目标

基于现状分析，该科技公司设定了筹资成本降低10%的年度目标。为确保目标的可衡量性，公司将目标分解为具体的财务指标，如银行贷款利率降低、债券发行成本下降等。

3. 选择筹资成本控制策略

公司决定从优化筹资结构和拓宽筹资渠道两个方面入手，降低筹资成本。

在优化筹资结构方面，公司计划调整银行贷款和债券的比例，增加低成本筹资方式的比重。

在拓宽筹资渠道方面，公司计划探索股权融资、引入战略投资者等新型筹资方式。

4. 制订实施计划

公司成立了筹资成本控制专项小组，负责策略的具体实施。

小组制订了详细的实施计划，包括与各大银行谈判降低贷款利率、寻找合适的债券发行时机、与潜在投资者接洽等。

为确保计划的有效执行，公司还设定了具体的时间表和责任人。

5. 监控与评估

在实施过程中，公司定期收集筹资成本相关数据，与目标进行对比分析。

专项小组定期召开会议，讨论策略的执行情况和遇到的问题，及时调整策略方向。

经过一个季度的实施，公司成功降低了筹资成本，达到了设定的目标。同时，新的筹资渠道也为公司带来了更多的发展机会。

最终，通过实施筹资成本控制策略，该公司成功降低了筹资成本，提高了资金利用效率。

这一案例表明，筹资成本控制是企业管理的重要一环，需要企业根据自身实际情况制定合适的策略并有效执行。而实施筹资成本控制策略的步骤依次包括分析企业筹资现状、制定筹资成本控制目标、选择筹资成本控制策略、制订实施计划和监控与评估。

第四节　企业价值评估与提升：挖掘潜力，实现持续增长

企业价值的准确评估与持续提升同样可以促进企业实现可持续发展。因此，在推进筹资管理工作的过程中，企业需要深入理解价值评估的基本概念，探究筹资管理与企业价值之间的紧密联系，并制定有效策略，以便可以进一步提升企业价值，如图 7-4 所示。

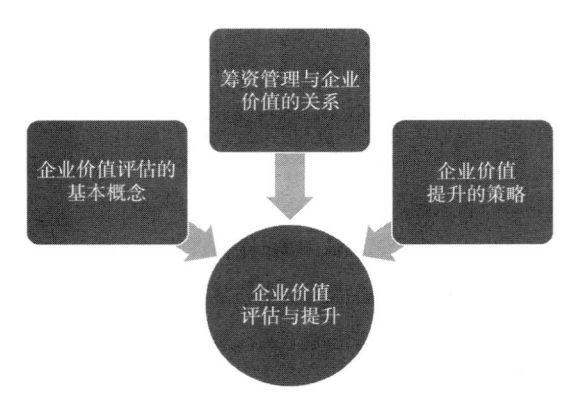

图 7-4　公司价值评估与提升

一、企业价值评估的基本概念

很多时候，我们需要深入理解企业价值评估的核心内涵，掌握各类评估方法与关键指标，并意识到评估在推动企业稳健发展中所能发挥的作用。

1. 企业价值评估的定义

企业价值评估就是对公司整体经济价值进行量化分析的过程，包括对企业的财务状况、市场地位、竞争优势及未来增长潜力等多方面的考量。通过科学、系统的评估方法，我们可以得出一个相对准确的公司价值估计值，使其成为企业的战略规划和投资决策关键依据。

2. 企业价值评估方法与指标

在进行企业价值评估时，我们可以采用多种方法和指标。比如，市盈率

法、市净率法、现金流量折现法等。这些方法和指标各有特点，适用于不同类型和阶段的企业。

（1）市盈率法主要关注企业的盈利能力和市场估值，适用于稳定盈利的成熟企业。

（2）市净率法则更侧重于企业的资产质量和安全性，适合于重资产行业的企业。

（3）现金流量折现法则更强调企业的未来增长潜力和现金流状况，对于初创企业和成长型企业更为适用。

除这些传统的评估方法外，近年来还出现了一些新的评估工具和技术，如机器学习、大数据等。我们也可以合理应用这些新技术，以便更加精确地分析企业的各项数据和信息，为企业价值评估提供更加全面、深入的分析结果。

3. 企业价值评估的重要性

> **案例**
>
> 为了更好地把握市场机遇、优化资源配置并吸引投资者，某公司决定进行一次全面的价值评估。
>
> 一、价值评估过程
>
> 1. 财务状况分析
>
> 公司聘请了专业的财务团队，对公司的财务报表进行了详细分析，包括收入、利润、现金流等方面。通过数据对比和趋势分析，评估了公司的盈利能力、偿债能力和运营效率。
>
> 2. 市场地位评估
>
> 借助市场调研公司，对公司所在的市场进行了深入调研，分析了市场规模、竞争格局、客户需求等信息。同时，结合公司自身的市场份额和品牌影响力，评估了公司在市场中的地位和竞争优势。
>
> 3. 竞争优势分析
>
> 公司从技术研发、产品创新、客户服务等方面出发，详细梳理了自身的竞争优势。同时，通过对比竞争对手的优劣势，明确了公司在

行业中的竞争地位和发展潜力。

二、价值评估结果及影响

1. 战略规划调整

基于价值评估结果，公司发现自己在技术研发和客户服务方面具有较强的竞争力，但在市场推广和品牌建设方面存在不足。因此，公司决定加大市场推广力度，提升品牌影响力，并加强与客户的沟通和服务。同时，公司还计划加强技术研发，推出更多具有竞争力的产品。

2. 投资决策影响

投资者通过查阅公司的价值评估报告，了解到公司在技术研发和客户服务方面的优势及市场推广方面的不足。他们认识到公司具有较大的发展潜力和投资价值，因此纷纷表示愿意投资该公司。这为公司吸引了大量资金，为未来的发展提供了有力支持。

通过本次价值评估，该公司更加清晰地认识到了自己的优势和不足，为未来的战略规划和投资决策提供了有力支持。同时，价值评估结果也增强了投资者对公司的信心，为公司的融资和发展奠定了坚实基础。

分析上述案例，我们不难发现公司价值评估的重要性不言而喻，下面我们可以对公司价值评估重要作用进行大致的分析。

（1）它有助于企业更好地了解自己的优势和不足，从而制定更加科学、合理的战略规划。通过深入分析企业的财务状况、市场地位和竞争优势等方面的数据和信息，企业可以清晰地看到自己在行业中的位置和优势领域，对未来的发展目标与方向会有清晰的认识。

（2）公司价值评估也有助于投资者作出更加明智的投资决策。投资者可以通过分析企业的价值评估结果，了解企业的投资价值和发展潜力，从而让自己作出的投资决策更加客观与理性。

（3）投资者还可以对比不同企业之间的价值评估结果，最终能够选择出更具投资价值的企业进行投资，进而提高投资决策的容错率。

二、筹资管理与企业价值的关系

1. 企业的基本运营离不开筹资管理

无论是初创企业还是成熟企业,都需要通过筹资来满足其日常运营、扩张投资或应对突发事件的资金需求。筹资的方式有很多种,如股权融资、债务融资、内部融资等。有效的筹资管理能够帮助企业选择出最适合其发展的筹资方式,确保资金的及时供应,从而保障企业的正常运营。

2. 筹资管理直接影响企业的资本结构

资本结构是企业负债和股东权益之间的比例关系。资本结构的合理化能够促进企业降低财务风险,提高偿债能力,同时也有利于提高企业的市场价值。筹资管理过程中,我们会对企业的资金需求、市场环境和财务状况进行深入分析,在此基础上就能够制定科学的筹资策略,优化企业的资本结构,从而提高企业的市场价值。

3. 筹资管理有助于企业提升投资效率

在获得资金后,企业正确的做法是将其投入到能够产生最大效益的领域。筹资管理便可以通过制定合理的投资策略和资金使用计划,确保资金能够被有效利用和合理分配。筹资管理还可以跟踪和评估投资项目的表现,后续会通过及时地调整投资策略,降低投资风险,提高投资回报率,从而进一步提升企业的价值。

为了更具体清晰地说明筹资管理与公司价值的关系,我们可以参考一些实证研究的数据。据某项研究发现,实施有效筹资管理的企业,其市场价值往往更容易高于同行业平均水平。因为这些企业能够更好地利用筹资工具,以降低筹资成本,提高筹资效率为目标,为企业创造更多的价值。

此外,一些知名企业也会选择通过优化筹资管理来提升企业价值。比如,一家科技公司通过发行债券和股票筹集资金,用于研发新产品和拓展市场。经过精心策划的筹资活动后,该公司成功吸引了大量投资者,使得自身的知名度和市场地位有所提升。同时,该公司还做到了优化资金使用计划,它将资金投入到最具潜力的项目中,实现了投资回报的最大化。这些举措不仅增强了企业的竞争力,也充分展示了企业的市场价值。

三、企业价值提升的策略

企业价值体现在方方面面，因此，提升企业自身的价值也可以从多个方面入手，比如，优化财务结构、合理配置资本、提升盈利能力、提高产品竞争力、加强技术创新与管理水平、投资研发等。

1. 优化财务结构

企业可以合理安排负债与权益的比例、降低财务成本等，以此来优化财务结构。这有助于降低企业的财务风险和筹资成本，提升整体的盈利能力。

2. 合理配置资本

根据自身的战略规划和发展需要，企业需要合理分配资本资源，确保资本的高效利用。同时，关注资本成本的问题也很重要，我们可以通过选择成本较低的筹资方式来降低财务成本。

3. 提升盈利能力

企业可以通过拓展市场份额、加强技术创新和管理水平等方式来提升盈利能力。这样就可以在增强企业市场竞争力的同时，为企业创造更多的利润和价值。

4. 提高产品竞争力

企业可以通过研发新产品、优化产品质量和服务等方式来提高产品竞争力。这有助于企业拓展市场份额，提升品牌形象，从而提升企业价值。

5. 加强技术创新与管理水平

企业需要不断投入研发创新技术，在提升产品性能和质量的同时加强企业管理、提升运营效率。此外，企业还需要重视对员工素质的提升和业务流程的优化，以便提升企业的整体竞争力。

6. 投资研发

我们可以通过设立研发中心、引进高端人才等方式加强企业的研发能力，以推动技术创新，保持竞争优势，达成可持续发展。同时，企业需要关注员工素质的提升和业务流程的改进，借此提高研发效率和质量。

第八章　成本管理与价值创造的和谐共生

在企业的运营中，成本管理与价值创造是紧密相连的两个核心要素。通过科学的成本管理，企业能够高效利用资源，降低不必要的开支，从而显著提升盈利水平。与此同时，价值创造则是企业持续成长的重要驱动力，涉及产品创新、服务优化、品牌塑造等多个维度。

实现成本管理与价值创造的和谐共生，意味着企业在追求成本效益最优化的同时，也要不断挖掘和提升产品和服务的内在价值。这要求企业在成本管理方面具备前瞻性和战略眼光，不仅要关注当下的成本控制，还要预见未来的市场趋势和客户需求，以便灵活调整成本策略，确保企业的市场竞争力。

第一节　成本管理：企业盈利的关键所在

成本管理的本质是有效的采用手段和方法，对企业生产经营过程中的各项成本进行预测、计划、控制、核算、分析和考核，目的是降低成本、提高经济效益。对很多企业来说，成本管理已经不再是单纯的财务核算问题，更成为关乎企业战略规划和市场竞争的核心要素。

> **案　例**
>
> C公司是一家汽车制造企业，目前正处于B型车这一新产品的研发阶段。原先确定的目标售价为6万元/台，但经过分析，仅材料成本就超过4万元/台，这意味着新车上市时将面临亏损。与此同时，国内同等级竞争车型的售价普遍在4万元/台左右。如果B型车继续按照原目标售价进行开发，上市后的产品无疑将缺乏竞争力。因此，C公司决定寻求咨询管理公司的帮助，以制定一套有效的成本管理方案。

为此，项目组对 C 公司的成本核算、研发、生产、材料采购及工艺流程等各个环节进行了深入调研，并提出了以下成本解决方案。

根据汽车行业的经验，虽然研发阶段的成本仅占产品总成本的 3% 左右，但这一阶段却决定了产品总成本的 75% 左右。因此，项目组设计了"面向成本设计"的"成本管理工程"，旨在严格控制整车成本并提升产品价值。

1. 建立成本管理工程的组织架构

首先，搭建了集成化的精细化设计推进工作管理平台，并建立了由总会计师领导的"推进领导组""推进办公室""各部门工作小组"所组成的三层次组织机构和立体化矩阵式项目团队。这一组织结构体现了并行工程和集成管理的思想，充分发挥了专家顾问的作用。

以产品平台为基础，组建了立体化矩阵式项目团队，并将财务部主管成本价格工作的部分人员调入汽车研究院，协助设计研究院对 B 型车的产品价格进行分析。根据 C 公司的汽车研发组织机构，B 型车的成本管理工程设立了七个推进组，分别由技术人员担任组长，财务人员担任副组长，质量人员、采购人员、市场人员及销售人员等共同参与，确保各项工作能够并行推进并定期向办公室汇报。

2. 成本管理工程的工作流程

成本管理工程是一个系统化的过程，主要包括以下步骤。

（1）市场调研：选定车型后，广泛收集竞争车型的价格信息、功能配置、销售情况、主要用户群、汽车造型等数据。

（2）目标售价确定：基于产品定位和同类产品比较，采用"对标"方法确定目标售价。通过精细对比优势竞争车型的成本、价格、功能和质量等方面，寻找成本提升空间。

（3）功能分析：对 B 型车进行功能定义和整理，分析零部件的功能和价值。跨部门合作，对市场、销售、财务等部门的专业意见进行综合考虑，优化产品功能和降低成本。

（4）建立目标价格体系：明确各个功能所需成本。

（5）价值分析：提升产品功能价值系数（即功能与成本之比），通过分析并优化功能价值系数低于 1 的功能项。

（6）成本设计对象选定：针对 B 型车的主要零配件（约 2 000 个），选择最有研究与应用价值的成本设计对象。

（7）创新方案制定：充分考虑用户需求，引入竞争机制降低成本。比如，通过引入第二家 ABS 系统供应商成功降低成本。

（8）方案评价：根据成本和价值目标函数及质量、性能等约束条件对新方案进行优选。

经过上述步骤的实施，最终为 C 公司的 B 型车降低生产成本、提升产品竞争力，并确保了新车上市后的盈利能力。

分析上述案例，我们可以发现成本管理是企业持续盈利的关键，也就是说，企业不仅需要持续创新、拓展市场，还需要关注内部的成本管理。然而，在肯定成本管理重要性之余，企业也应该制定合适的措施方针，如图 8-1 所示。

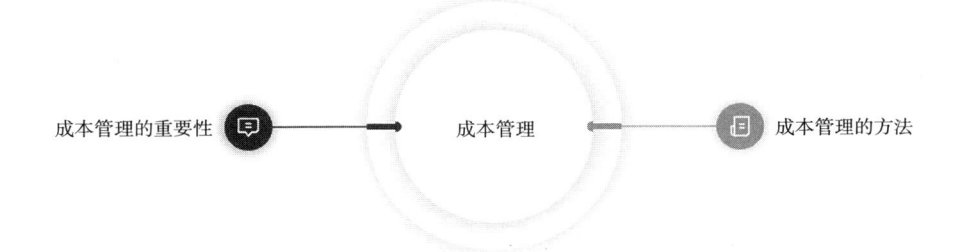

图 8-1 成本管理

一、成本管理的重要性

与成本管理相关的工作往往会贯穿于企业生产经营的每一个环节，直接影响到企业的经济效益和市场竞争力。

1. 有助于企业降低生产成本

对生产过程中的各项费用进行严格把关和控制后,企业可以避免浪费和损失,从而有效降低生产成本,提高企业的经济效益。

2. 有助于企业优化资源配置

对成本的细致分析和考核后,企业就可以更加清晰地了解各项资源的消耗情况,从而合理调配资源,提高资源利用效率。

3. 有助于企业提高市场竞争力

如果可以进行有效的成本管理,企业就可以降低产品价格,提高产品性价比,从而吸引更多的消费者,增强企业的市场竞争力。

二、成本管理的方法

就当前形势而言,众多企业在实施成本管理时,主要倾向于采用几种高频率的管理方法,包括目标成本管理法、作业成本管理法及全面成本管理法。

1. 目标成本管理法

目标成本管理法是一种以市场需求为导向的成本管理方法。它要求企业在制定产品成本时,首先要明确产品的目标利润和目标售价,然后根据目标售价减去目标利润,得出产品的目标成本。在生产过程中,企业需要严格控制各项费用,确保实际成本不超过目标成本。这种方法有助于企业实现成本的有效控制,提高企业的盈利能力。

2. 作业成本管理法

作业成本管理法是一种基于作业成本核算的成本管理方法。它要求对每一项作业的成本都进行细致的分析和核算,以便识别并消除浪费和损失。通过对作业的改进和优化,企业可以提高生产效率,降低生产成本,从而提升企业的竞争力。

3. 全面成本管理法

全面成本管理法是一种综合性的成本管理方法。它要求企业在生产经营的产品设计、原材料采购、生产制造、销售服务等环节都进行成本管理。企业通过全面的成本控制和管理，可以实现资源的优化配置，提高资源的利用效率，从而降低企业的总成本。这种方法有助于企业从整体上提高管理水平，进而提升企业的核心竞争力。

第二节　成本分析与控制：挖掘成本节约潜力

企业持续进行成本管理，最希望实现的效果是尽可能准确地节约成本输出。而实现这一效果的最直接途径就是进行成本分析与控制。

案例

S公司近年来面临着激烈的市场竞争，产品价格难以提升，而原材料价格和人工成本却在逐年上升。为了保持竞争力并实现企业的可持续发展，S公司决定加强成本分析与控制，以优化成本管理并创造更大的价值。

一、实施步骤

1. 成本分析

S公司首先对各项成本进行了详细的分析，包括原材料、生产、销售、管理等各方面的成本构成。

利用成本数据，公司分析了各个生产环节的效率，找出了成本高的关键环节，如某道工序的废料率过高；某些原材料的采购价格偏高等。

通过与行业内其他企业的比较，S公司明确了自身在成本管理上的优势与不足。

2. 成本控制

针对成本分析中发现的问题，S公司制定了详细的成本控制措施。比如，对于废料率过高的工序，公司引进了新的生产工艺和设备，降低了废料率；在原材料采购方面，S公司通过与供应商重新谈判和引入多家供应商竞争的方式，降低了原材料的采购成本。

公司还优化了生产流程，减少了不必要的生产环节和浪费，提高了生产效率。

3.价值创造

通过对成本的有效控制，S公司的整体成本显著降低，为产品价格的调整提供了空间。公司开始逐步提升产品质量，并增加了产品的附加值，从而提高了产品的市场竞争力。

同时，S公司还将节省下来的成本用于研发和创新，推出了多款具有市场竞争力的新产品，进一步提升了企业的整体价值。

二、最终成果

（1）经过一段时间的实施，S公司的成本得到了显著降低，产品质量和市场竞争力得到了提升。

（2）公司的市场份额逐步扩大，营业收入和利润均实现了稳步增长。

（3）通过成本分析与控制，S公司成功实现了成本管理与价值创造的有机结合，为企业的可持续发展奠定了坚实的基础。

上述案例表明，成本分析与控制对成本管理与价值创造具有重要意义。因此，企业应该高度重视成本分析与控制工作，不断优化成本管理策略，促进企业的可持续发展。在此基础上，企业理应了解与掌握成本分析与成本控制的相关内涵，如图8-2所示。

成本分析的步骤及方法　01　成本分析与控制　02　成本控制的目的及方法

图8-2　成本分析与控制

一、成本分析的步骤及方法

成本分析的基本步骤及常见方法大致如下。

1. 成本分析的基本步骤

成本分析的基本步骤一般为确定分析目标、收集成本数据、分类整理数据、分析成本数据和制定相关策略，各环节的详细工作如下。

（1）确定成本分析目标。企业首先需要明确成本分析的具体目标，如降低生产成本、提高利润率等。只有明确了目标，才能有针对性地开展成本分析工作。

（2）收集成本数据。企业需要建立完善的成本数据收集系统，确保数据的真实性和可靠性。这些数据包括原材料成本、人工成本、制造费用等。

（3）分类整理成本数据。企业需要对收集到的成本数据进行分类整理，以便清晰地了解成本构成。我们可以按照成本性质、产品种类、生产部门等方式进行分类。

（4）分析成本数据。在分类整理的基础上，企业需要对成本数据进行深入分析，找出成本变化的规律、原因及影响因素。通过对比不同时间、不同部门、不同产品之间的成本数据，我们往往可以发现潜在的问题、挖掘可以改进空间。

（5）制定成本控制措施。在分析成本数据后，企业需要制定具体的成本控制措施，如优化生产流程、降低采购成本、提高员工效率等。这些措施应该具有针对性、可行性和可操作性，这样才可以确保成本分析成果被有效应用。

2. 成本分析的主要方法

我们常见的成本分析方法主要有比较分析法、因素分析法、作业成本法和标准成本法，不同方法的实际情况如下。

（1）比较分析法。通过对比不同时间、不同部门、不同产品之间的成本数据，发现成本变化的原因和趋势。比如，企业可以对比过去几年的生产成本数据，分析成本上升或下降的原因。

（2）因素分析法。通过分析影响成本的各种因素，找出主要因素并确定其对成本的影响程度。这种方法可以帮助企业更准确地把握成本变化的原因和规律。

（3）作业成本法。一种以作业为基础，将资源消耗分配给成本对象的方法。该方法可以准确地反映产品或服务的实际成本，有利于企业更精准地进行成本控制和决策。

（4）标准成本法。以预先制定的标准成本为基础，将实际成本与标准成本进行比较，分析差异并找出原因。采用这种方法，我们可以及时发现生产过程中的问题并采取措施加以改进。

需要注意的是，在实际应用中，企业需要根据自身的实际情况和需求选择合适的成本分析方法。同时，企业还应该注重成本分析的持续性和动态性，不断跟踪成本变化的情况，及时调整成本控制措施，确保企业成本控制在合理水平。

二、成本控制的目的及方法

可以说，成本分析的终极目标是为了实现成本控制。那么，为什么要进行成本控制呢？这正是成本控制工作的核心所在。在明确了成本控制的目标后，企业还需要掌握可行的实施方法。

1. 成本控制的目的

成本控制的根本目的在于提高企业的经济效益和市场竞争力。具体来说，成本控制的目的有以下几个方面。

（1）降低成本。通过有效的成本控制措施，企业可以降低生产和经营过程中的各项成本，从而增加利润空间。

（2）提高资源利用效率。成本控制有助于企业优化资源配置，提高资源的利用效率，减少浪费现象。

（3）增强市场竞争力。成本控制能够降低产品的成本，使得企业在市场上能够以更具竞争力的价格销售产品，从而吸引更多的消费者。

（4）实现可持续发展。有效的成本控制有助于企业形成良好的财务管理习惯，为企业的长期发展奠定基础。

2. 成本控制的方法

为实现成本控制的目的，企业需要采取一系列具体的措施。以下是几种常见的成本控制方法。

（1）预算控制。企业应制订详细的预算计划，并确保各项支出符合预算要求。通过定期比较实际支出与预算的差异，我们便可以及时调整策略，避免超支现象。

（2）流程优化。通过优化生产和经营流程，企业可以消除很多无效和重复的环节，降低成本。比如，引入自动化生产线、优化库存管理等方式，都可以提高生产效率，降低成本。

（3）供应链管理。企业应积极与供应商建立稳定的合作关系，确保原材料和零部件的供应稳定且价格合理。同时，企业还可以通过集中采购、长期合同等方式降低采购成本。

（4）技术创新。企业应加大研发投入，引进先进技术和设备，提高产品的附加值和竞争力。

（5）员工培训。企业还应该加强员工培训，使员工充分认识到成本控制的重要性，掌握降低成本的方法和技能。

第三节　价值工程实践：实现成本优化与价值创造

企业需要不断探寻新的管理方法和工具，以实现成本的持续优化和价值的不断提升。其中，价值工程作为一种系统化的方法论，已经获得了越来越多企业的青睐。因此，企业需要深入了解价值工程的实践流程，同时也要掌握其在成本优化过程中的具体应用及在价值创造工作中的关键作用，如图8-3所示。

图 8-3　成本优化与价值创造

一、价值工程的实践流程

一个相对完整的价值工程实践流程通常包括识别、创造、实施和评估四个阶段，这些阶段各自承担不同的任务，共同协作以推动价值工程的顺利实施。

1. 识别阶段

识别阶段是价值工程实践的开始环节。在这一阶段，我们首先需要明确研究的范围与目标，保证后续工作能够有的放矢。接下来，通过收集大量的信息和分析相关数据，我们能够更全面地了解问题的本质和现状。比如，通过对市场需求、竞争态势、产品特性等方面的深入调研，我们能够更准确地把握产品的价值所在。

2. 创造阶段

在创造阶段，我们需要通过头脑风暴等创意生成方法，寻找解决问题的新途径。在这一过程中，鼓励团队成员积极发表意见，共同探索可能的解决方案。同时，为了确保方案的有效性和可行性，我们还需要对生成的方案进行筛选和评估。这一过程中，可以采用多种评估工具和方法，如成本效益分析、风险评估等。

3. 实施阶段

经过筛选和评估后，将会进入实施阶段。在这一阶段，我们需要制订详细的实施计划，明确各个阶段的任务和时间节点。同时，为了确保实施过程的顺利进行，我们还需要建立完善的监督机制，及时调整实施过程中出现的问题。在实施过程中，我们还可以采用项目管理的方法论，如甘特图、计划评审法等，以确保项目按时按质完成。

4. 评估阶段

实施完成后，便会进入评估阶段。这一阶段中我们的主要任务是对实施效果进行评估，总结经验教训。通过对实施效果的评估，我们能够了解方案的实际效果，从而判断方案的可行性和有效性。同时，通过总结经验教训，我们还能为未来的实践提供有益的参考。

二、价值工程在成本优化中的应用

案 例

某企业为了提升竞争力，决定引入价值工程的方法，对生产流程、产品设计及供应商管理进行全面优化。

企业首先进行了全面的生产现场调查，通过仔细观察和数据分析，识别出了生产过程中的多种浪费现象，如等待时间、搬运距离过长、设备空转等。随后，企业组织跨部门团队针对这些浪费现象进行了深入探讨，提出了相应的改进措施，如优化生产计划、引入自动化设备、改进物料管理等。通过实施这些措施，企业成功消除了大量浪费，生产效率提高了 20%，生产成本降低了 15%。

在产品设计方面，企业成立了由设计师、工程师、销售人员和客户代表组成的产品改进团队。通过收集客户需求和市场动态，团队对产品进行了深入的分析和讨论，提出了一系列改进措施。比如，针对客户反映的产品操作复杂问题，团队简化了产品设计，降低了制造成本。同时，在产品设计过程中，企业还引入了全生命周期成本管理的理念，从产品的制造、运输、使用到维修等环节进行全面考虑，确保了产品的整体成本最优化。通过改进产品设计，企业降低了产品的制造成本和维修成本，提高了产品的市场竞争力。

在供应商管理方面，企业首先对现有供应商进行了全面的评估，包括产品质量、交货时间、价格、服务等方面。随后，企业与优秀供应商建立了长期稳定的合作关系，并通过定期沟通和协商，不断优化供应链管理。在与供应商进行谈判时，企业不仅关注采购价格，还注重与供应商在技术创新、质量控制等方面的合作。通过与供应商的合作与谈判，企业降低了采购成本，提高了供应链的稳定性和效率。

经过价值工程的实践，该企业在制造业成本优化方面取得了显著成果。生产效率提高、生产成本降低、产品质量提升及市场竞争力增强。同时，企业还形成了一套完整的价值工程管理体系，为未来的持续改进和创新提供了有力支持。

这一案例充分展示了价值工程在制造业成本优化中的重要作用和实际应用价值。具体而言，价值工程在成本优化过程中的应用情况如下。

1. 识别与消除浪费

首先，通过识别生产过程中的浪费现象，我们可以发现那些不增值的环节和流程。其次，我们就可以将这些环节与流程消除，以此提高生产效率、降低生产成本。比如，在制造业中，通过优化生产流程、提高设备利用率等方法，可以显著降低生产成本。

2. 改进产品设计

除消除浪费外，价值工程还能够帮助企业改进产品设计以降低制造成本。通过深入了解客户需求和市场动态，我们就可以对产品进行有针对性的改进。同时，在产品设计过程中，企业还需要考虑产品全生命周期的成本管理。通过优化产品设计，企业可以降低产品的制造成本和维修成本，进而能够提高产品的竞争力和市场占有率。

3. 供应商管理与谈判

价值工程还能够帮助企业优化和完善供应商管理。在与供应商建立合作关系并进行评估与谈判后，企业就可以合理的降低采购成本、提高供应链的稳定性和效率。在供应商管理过程中，我们还需要关注供应商的创新能力、质量控制能力等方面，以确保供应商能够提供高质量的产品和服务。

三、价值工程在价值创造中的作用

价值工程之所以受到众多企业的重视，其中一个核心因素在于其在价值创造过程中的重要作用。它不仅能够有效提升产品的质量与性能，还能推动创新与实现差异化，进一步拓展市场并增加企业收入。

1. 提高产品质量与性能

通过提高产品质量和性能，企业能够更好地满足客户需求和期望，这对提高产品竞争力很有利。为了实现这一目标，我们可以采用先进的技术及工艺提高产品的精度与可靠性；同时还需要加强质量管理及检验确保产品质量的稳定性与一致性。

2. 创新与差异化

通过引入新技术和新材料，我们可以打造独特的产品特性和品牌形象，从而能吸引更多消费者的关注和购买。比如，在某些行业中企业可以通过采用智能技术、环保材料等手段，可以实现产品的差异化竞争，并赢得市场份额的提升。

3. 拓展市场与增加收入

企业可以通过拓展市场和增加收入来实现价值的持续增长。在拓展市场方面，企业可以关注新兴市场和细分市场的机会，进而通过创新产品和营销策略来打开新的市场渠道；同时加强品牌营销和客户关系管理，也可以帮助企业提高品牌知名度和忠诚度；在增加收入方面，企业可以优化产品定价策略、提高产品附加值和服务水平，从而增加企业的收入水平和盈利能力。

第四节 战略结合：成本管理助力企业战略实施

成本管理单独来看是企业日常运营中的一个环节，但从全局上分析，它更是企业战略实施的重要支撑。在制定企业战略时，需要充分考虑成本管理的要求和限制，将成本管理纳入企业战略体系中。通过战略与成本管理的结合，企业可以更好地实现战略目标，提高经济效益。

案 例

甲公司为了保持市场领先地位，决定通过制定并实施与企业战略紧密结合的成本管理策略，来优化资源配置，提升竞争力。

1. 成本领先战略下的成本管理

在成本领先战略下，甲公司注重通过精细化的成本控制措施，实现产品成本的最低化。公司首先对生产流程进行全面分析，找出成本控制的关键点，如原材料采购、生产工艺、人员配置等。然后，通过引入先进的生产技术和设备,提高生产效率,降低单位产品的生产成本。同时,甲公司还加强了与供应商的合作,通过集中采购、长期合同等方式,降低原材料采购成本。此外,公司还通过优化人员配置、降低管理费用等措施,进一步压缩成本。

2. 差异化战略下的成本管理

在差异化战略下,甲公司注重通过提升产品或服务的功能和性能,实现价值最大化。为了实现这一目标,甲公司投入大量资源进行研发和创新,不断提升产品的技术含量和附加值。同时,公司还加强了对市场的调研和分析,深入了解消费者需求,根据市场需求调整产品设计和生产策略。在成本管理方面,甲公司采用了目标成本法,根据产品的目标售价和预期利润,设定了严格的成本控制标准。公司鼓励员工提出创新性的成本控制建议,对于有效的建议给予奖励。

3. 成本管理与企业战略的融合

甲公司通过将成本管理与企业战略紧密结合,实现了资源的优化配置和竞争力的提升。在成本领先战略下,公司通过精细化的成本控制措施,降低了产品成本,提高了市场占有率。在差异化战略下,公司通过提升产品的技术含量和附加值,满足了消费者的多样化需求,提高了品牌知名度和美誉度。同时,公司还加强了与供应商和客户的合作,建立了稳定的供应链和客户关系,进一步增强了企业的竞争力。

甲公司通过制定并实施与企业战略紧密结合的成本管理策略,成功实现了资源的优化配置和竞争力的提升。

这一案例表明,企业在制定成本管理策略时,应充分考虑企业战略和市场环境的变化,并将成本管理与企业战略紧密结合,以便于可以更好地适应市场需求和提高竞争力。同时,我们还应该注重创新和研发,不断提升产品的技术含量和附加值,以满足消费者的多样化需求。

具体来说，企业可以通过制定成本领先战略、差异化战略等不同类型的战略，来指导日常成本管理工作的开展。比如，在成本领先战略下，企业可以通过精细化的成本控制措施，促进产品成本的最低化的情况展现；在差异化战略下，企业可以通过提升产品或服务的功能和性能，实现价值最大化。如此分析，我们就可以认为将成本管理与企业战略相结合，企业便可以更好地适应市场环境的变化，从而提高自身的竞争力。

第九章　企业财务报表的深入分析与解读

　　财务报表作为企业运营的状况反映，我们必须熟悉财务报表的主要构成部分，包括资产负债表、利润表、现金流量表等。资产负债表展示了企业在特定时点的资产、负债及所有者权益状况，是评估企业偿债能力、运营效率及资产配置的重要依据。利润表则记录了企业在一定时期内的收入、支出及利润情况，直观反映了企业的盈利水平和经营成效。现金流量表则详细列出了企业在特定期间内的现金流入与流出情况，有助于我们准确把握企业的现金流动性和支付能力。

第一节　财务报表：透视企业经营状况的窗口

　　财务报表是能够展示企业经营状况的重要工具，能够为投资者、债权人、政府监管机构等多方利益相关者提供关键准确的信息。透过财务报表，我们可以掌握详细的数据和指标，企业也就能够洞察运营的内在逻辑和深层状况。

一、财务报表的组成部分

　　财务报表是企业财务状况和经营成果的重要载体，其核心构成通常包括三个至关重要的部分：资产负债表、利润表和现金流量表。这三张报表相互关联、相互补充，能够为企业的投资者、债权人、管理层及其他利益相关者全面提供关于企业经济活动的信息。

　　1. 资产负债表

　　资产负债表会详细地列出企业的资产、负债和所有者权益。资产代表着企业所拥有或控制的资源，包括现金、存货、设备等；负债则是企业应向他人支付的款项，如贷款、应付账款等；所有者权益则是资产与负债的差额，反映了企业的净资产。资产负债表一方面展示企业在特定日期的财务状况，另一方面向我们提供判断企业偿债能力和运营效率的重要依据。

表9-1是某企业的资产负债表模板。

案例

表9-1 资产负债表

资产负债表

编制单位： 　　　　　　年　月　日　　　　　　　单位：元

资产	行次	年初数	期末数	负债和所有者权益（或股东权益）	行次	年初数	期末数
流动资产：				流动负债：			
货币资金	1			短期借款	68		
短期投资	2			应付票据	69		
应收票据	3			应付账款	70		
应收股息	4			应付工资	72		
应收账款	6			应付福利费	73		
其他应收款	7			应付利润	74		
存货	10			应交税费	76		
待摊费用	11			其他应交款	80		
一年内到期的长期债券投资	21			其他应付款	81		
其他流动资产	24			预提费用	82		
流动资产合计	31			一年内到期的长期负债	86		
长期投资：				其他流动负债	90		
长期股权投资	32			流动负债合计	100		

续表

资　产	行次	年初数	期末数	负债和所有者权益（或股东权益）	行次	年初数	期末数
长期债权投资	34			长期负债：			
长期投资合计	38			长期借款	101		
固定资产：				长期应付款	103		
固定资产原价	39			其他长期负债	106		
减：累计折旧	40				108		
固定资产净值	40			长期负债合计	110		
工程物资	44						
在建工程	45			负债合计	114		
固定资产清理	46			所有者权益（或股东权益）：			
固定资产合计	50			实收资本	115		
无形资产及其他资产：				资本公积	120		
无形资产	51			盈余公积	121		
长期待摊费用	52			其中：法定公益金	122		
其他长期资产	53			未分配利润	123		
无形资产及其他资产合计	60			所有者权益（或股东权益）合计	123		
资产合计				负债和所有者权益（或股东权益）总计	135		

2. 利润表

利润表则是衡量企业在一定会计期间内经营成果的重要报表。通过展示企业的收入、费用和利润，利润表就可以向我们揭示企业的盈利能力。利润表中的数据不仅反映出企业日常经营活动的成果，还可以为我们提供判断企业成长潜力和稳定性的关键指标。分析利润表的信息后，我们可以深入了解企业的经营模式、成本控制和市场竞争状况。

表9-2是某企业的利润表模板。

案例

表9-2 利润表

利润表

编制单位：　　　　　　　　　年度　　　　　　　　　单位：人民币元

项目	行次	上年累计数	本年累计数	项目	行次	上年累计数	本年累计数
一、主营业务收入	1			六、净利润	20		
减：折扣与折让	2			加：年初未分配利润	21		
二、主营业务收入净额	3			其他调整因素	22		
减：主营业务成本	4			七、可供分配的利润	23		
主营业务税金及附加	5			减：提取法定盈余公积	24		
三、主营业务利润	6			提取法定公益金	25		
加：其他业务利润	7			提取职工奖励及福利基金	26		
减：营业费用	8			提取企业发展基金	27		
管理费用	9			其他	28		
财务费用	10			八、可供投资者分配的利润	29		
四、营业利润	11			减：应付优先股股利	30		
加：投资收益	12			提取任意盈余公积	31		
补贴收入	13			应付普通股股利（应付利润）	32		
营业外收入	14			转作资本（股本）的普通股股利	33		
其他	15			其他	34		
减：营业外支出	16			九、未分配利润	35		
其他支出	17			其中：应由以后年度税前利润弥补的亏损	36		
五、利润总额	18						
减：所得税	19						

3. 现金流量表

现金流量表记录了企业现金的流入和流出情况，是评估企业现金流量状况的重要工具。现金流量表展示出企业现金流量的来源和运用，能够帮助我们了解企业的资金运作状况和偿债能力。通过对现金流量表的分析，我们可以发现企业在经营、投资和筹资活动中的现金流特点，为企业的资金管理和战略决策提供支持。

表9-3是某企业的现金流量表模板。

案 例

表9-3 现金流量表

现金流量表

编制单位： 日期： 单位：元

项 目	行 次	本年累计金额	本月金额	备注
一、经营活动产生的现金流量：				
销售产成品、商品、提供劳务收到的现金	1			
收到其他与经营活动有关的现金	2			
购买原材料、商品、接受劳务支付的现金	3			
支付的职工薪酬	4			
支付的税费	5			
支付其他与经营活动有关的现金	6			
经营活动产生的现金流量净额	7			
二、投资活动产生的现金流量：				
收回短期投资、长期债券投资和长期股权投资收到的现金	8			
取得投资收益收到的现金	9			
处置固定资产、无形资产和其他非流动资产收回的现金净额	10			
短期投资、长期债券投资和长期股权投资支付的现金	11			
购建固定资产、无形资产和其他非流动资产支付的现金	12			
投资活动产生的现金流量净额	13			
三、筹资活动所产生的现金流量：				
取得借款收到的现金	14			
吸收投资者投资收到的现金	15			
偿还借款本金支付的现金	16			
偿还借款利息支付的现金	17			
分配利润支付的现金	18			
筹资活动产生的现金流量净额	19			
四、现金净增加额	20			
加：期初现金余额	21			
五、期末现金余额	22			

二、财务报表的局限性

尽管财务报表为我们提供了丰富的信息,但它们在反映企业经营状况时也存在一定的局限性,大致情况如下。

1. 历史成本原则的影响

财务报表主要基于历史成本计价,这意味着它们很有可能不能反映资产和负债在近期市场环境下的真实价值。当市场环境发生较大变化时,历史成本原则可能导致财务报表的失真,进而我们无法准确掌握企业的财务状况和经营成果。

2. 货币计量的限制

财务报表只能反映可以用货币计量的经济事项,而很多非货币信息是无法展示的。比如,企业的品牌价值、员工满意度、企业文化等非货币信息虽然对企业的长期发展具有重要影响,却无法在财务报表中被体现。

3. 会计政策和会计估计的影响

企业可以选择不同的会计政策和会计估计来编制财务报表,这可能导致财务报表的失真。此外,会计政策和会计估计的变动也可能在很大程度上影响企业的财务状况和经营成果。

4. 信息披露的不完整性和主观性

财务报表无法涵盖企业的全部信息,且受到管理人员主观判断的影响。企业可能会出于各种原因而隐瞒或误报某些信息,这就使得财务报表的信息失真或误导性陈述。此外,管理人员的主观判断也可能对财务报表的编制产生不小的影响,导致财务报表的偏差或失真。

第二节 报表分析:挖掘数据背后的商业逻辑

报表分析不仅仅是对一堆数字的简单罗列,更是对企业运营状况、财务状况及市场趋势的深入探查与分析。通过报表分析,我们能够发现,很多复杂丰富的商业逻辑会隐藏在数据背后。在进行报表分析时，明确目的是首要，应用工具与方法是关键，如图 9-1 所示。

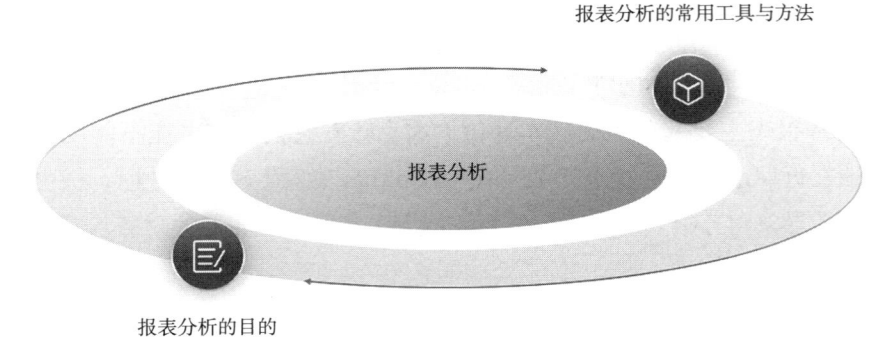

图 9-1　报表分析

一、报表分析的目的

深入分析财务报表，不仅是财务专业人士的职责，更是每一个关心企业运营状况和未来发展的投资者、管理者乃至普通公众所需要的一项技能。深入剖析财务报表，我们可以获取以下几个方面的关键信息。

1. 揭示企业的盈利能力

盈利是企业生存和发展的基础，通过分析利润表、现金流量表等报表，我们可以了解企业的营业收入、净利润、成本结构、费用支出等关键数据，从而判断企业的盈利水平和发展趋势。这些数据不仅反映了企业当前的运营状况，也预示着企业未来的盈利潜力和增长空间。

2. 揭示企业的偿债能力

对于投资者和债权人而言，企业的偿债能力是他们关注的重要方面。通过分析资产负债表、流动比率、速动比率等指标，我们可以了解企业的资产规模、负债结构、偿债能力等关键信息，从而判断企业的财务风险和信用状况。这些信息对于投资者决策、债权人评估风险具有重要意义。

3.揭示企业的运营效率

运营效率的高低直接关系到企业的资源利用效果和经济效益。通过分析应收账款周转率、存货周转率等指标，我们可以了解企业的资金周转速度、存货管理效果等关键信息，从而判断企业的运营效率和管理水平。这些信息对于改善企业管理、提高经济效益具有重要指导意义。

4.揭示企业的行业地位和竞争优势

通过分析企业在同行业中的财务数据，我们可以了解企业在行业中的地位、市场占有率、竞争优势等关键信息。这些信息有助于我们评估企业的竞争力、发展潜力及未来发展趋势。

二、报表分析的常用工具与方法

通过对财务报表进行深入分析，我们能够更清晰地了解企业的经营状况，对后续的发展来说也是关键的助力与支持。接下来将详细阐述报表分析的常用工具与方法。

1.财务比率分析

财务比率分析是报表分析中较为常用的一种方法，它通过对财务报表中的各项数据进行计算和比较，可以揭示企业的财务状况和经营成果。具体来说，财务比率分析可以包括以下几个方面。

（1）盈利能力分析。盈利能力是企业经营的核心目标之一。通过计算毛利率、净利率、总资产收益率等盈利指标，我们可以评估企业的盈利能力。这些指标越高，说明企业在同等条件下获得的利润越多，盈利能力就越强。

（2）偿债能力分析。偿债能力反映了企业偿还债务的能力。通过计算流动比率、速动比率、资产负债率等指标，我们可以评估企业的短期和长期偿债能力。这些指标越高，说明企业的偿债能力越强，债权人的权益就越有保障。

（3）运营效率分析。运营效率体现了企业资产周转的速度和效率。通过计算存货周转率、应收账款周转率、总资产周转率等指标，我们可以评估企业的运营效率。这些指标越高，说明企业资产周转越快，运营效率就越高。

2. 趋势分析

趋势分析是通过对比历史数据，分析企业财务状况和经营成果的变化趋势，进而可以预测出未来的发展趋势。在进行趋势分析时，我们可以绘制趋势图、计算增长率等指标，让各企业的财务状况和经营成果的变化情况更加直观的展示出来。

3. 同行业对比分析

同行业对比分析是通过比较同行业其他企业的财务报表数据，评估企业在行业中的竞争力。对同行的信息进行对比分析可以帮助企业了解自身的市场地位，发现自身的优势和不足，以及行业中的机会和威胁。在进行同行业对比分析时，需要选择具有可比性的企业作为参照物，并关注关键指标的比较。

在实际应用中，这些报表分析工具和方法并不是孤立的，而是相互关联、相互补充的。通过综合运用这些工具和方法，我们便可以更全面地了解企业的经营状况和市场环境，从而能够为后续的发展奠定一定的基础。

> **案 例**
>
> P公司原有的经营决策主要依赖于简单的财务数据分析和市场调研，这种方式虽然能提供一定的信息支持，但往往存在信息片面、分析深度不够等问题。此外，由于各部门之间数据孤立，难以形成整体的经营状况分析，决策效率低下。
>
> 为了解决上述问题，P公司决定综合应用以下报表分析工具和方法：
>
> （1）数据可视化工具：通过使用数据可视化工具，如Excel中的图表功能或专业的数据可视化软件，将财务数据、销售数据、生产数据等进行可视化处理，以更直观的方式展现数据之间的关联和趋势。
>
> （2）财务比率分析：运用财务比率分析方法，如盈利能力比率、偿债能力比率、营运能力比率等，对公司的财务状况进行深入分析，揭示公司在财务管理方面存在的问题和潜在风险。
>
> （3）态势分析法：结合市场调研数据，对公司的市场地位、竞争

优势、劣势、机会和威胁进行态势分析，明确公司的市场定位和发展方向。

（4）数据挖掘技术：通过数据挖掘技术，对海量数据进行挖掘和分析，发现隐藏在数据背后的规律和价值，为公司的产品创新、市场拓展等提供有力支持。

（5）决策支持系统：引入决策支持系统，集成各类分析工具和方法，提供智能化的决策支持和建议，提高决策效率和准确性。

经过一段时间的实践应用，P公司取得了以下显著的成效：

（1）决策效率提升：通过综合应用各种报表分析工具和方法，P公司能够快速、准确地获取所需信息，缩短决策周期，提高决策效率。

（2）决策质量提高：综合运用各种分析工具和方法，P公司能够更全面、更深入地了解自身的经营状况和市场环境，为决策提供有力的信息支持，提高决策质量。

（3）部门协同加强：通过整合各部门的数据和信息，形成整体的经营状况分析，加强了部门之间的协同和沟通，提高了公司的整体运营效率。

（4）风险控制能力提升：通过财务比率分析等方法，P公司能够及时发现财务管理方面的问题和潜在风险，采取相应的措施进行防范和控制，提高公司的风险控制能力。

（5）市场竞争力增强：通过数据挖掘和态势分析等方法，P公司能够更准确地把握市场趋势和客户需求，制定更加精准的市场策略和产品规划，提高公司的市场竞争力。

P公司通过综合应用各种报表分析工具和方法，成功提升了经营决策效率和准确性，为公司的持续发展提供了有力的支持。未来，P公司将继续探索和创新报表分析工具和方法的应用，以更好地应对市场挑战和机遇。

第三节　财务指标与比率：量化评估企业绩效

在评估企业的运营状况和发展潜力时，财务指标能够向我们展示的信息往往是直观的、明了的，能够为企业提供量化的指引。它们不仅能够帮助我们深入理解企业的财务状况，还能够揭示企业的盈利能力、运营效率、偿债能力等多个方面的情况。同时，企业合理应用财务指标与比率，还可以量化评估自身绩效，如图9-2所示。

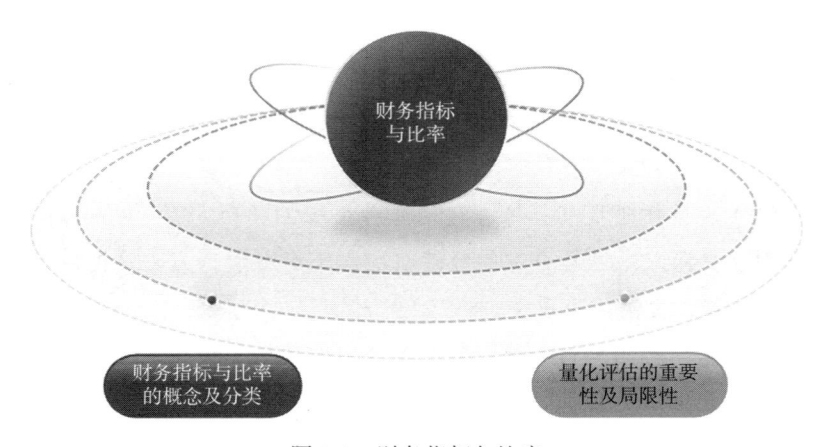

图9-2　财务指标与比率

一、财务指标与比率的概念及分类

财务指标与比率，简单来说，就是用来衡量企业财务状况和经营成果的量化工具。它们可以计算和分析财务报表中的数据，形成一系列具有特定意义的指标和比率，能够为投资者、管理者和其他利益相关者提供制定决策的信息依据。

财务指标与比率可以分为多个类别，包括但不限于盈利能力指标（如净利润率、毛利率等）、运营效率指标（如存货周转率、应收账款周转率等）、偿债能力指标（如流动比率、速动比率等）、发展能力指标（如销售收入增长率、净利润增长率等）等。

1. 盈利能力指标与比率

盈利能力指标与比率主要包括毛利率、净利率、股东权益报酬率和总资产收益率。通过一系列的盈利能力指标和比率，我们可以深入了解企业的利润创造能力，从而对其未来发展潜力作出更为准确的判断。

（1）毛利率。毛利率作为盈利能力的基础指标，能够反映出企业在扣除直接成本后，剩余毛利占销售收入的比例。而高毛利率就意味着企业在成本控制和市场竞争中具有更大的优势。比如，很多热门品牌公司因其强大的品牌影响力和高效的成本控制，长期保持着较高的毛利率水平。

（2）净利率。与毛利率相比，净利率能够更全面地反映了企业的盈利能力。它考虑了除直接成本外的所有费用，包括销售费用、管理费用和财务费用等。因此，净利率能够真实地反映企业的实际盈利状况。一般而言，净利率较高的企业，其盈利能力和经营效率都较为出众。

（3）股东权益报酬率。股东权益报酬率是衡量企业股东权益投资回报率的重要指标，能够反映企业运用股东权益资金创造利润的能力。股东权益报酬率越高，就代表企业能够为股东创造的价值越大，那么投资回报也越高。一些知名企业，就以其优秀的股东权益报酬率表现赢得了广大投资者的青睐。

（4）总资产收益率。总资产收益率是企业净利润与总资产的比值，用于评估企业资源的运用效率。一个企业的总资产收益率水平高，就说明它能够更加有效地利用自身的资源创造利润。比如，不少企业会通过高效的运营管理和创新的商业模式，促使自身长期保持着较高的总资产收益率水平。

2. 偿债能力指标与比率

偿债能力指标与比率主要包括流动比率与速动比率和资产负债率与长期负债比率。它们能够揭示企业的债务偿还能力，确保企业稳健运营。

（1）流动比率与速动比率。流动比率是衡量企业短期偿债能力的重要指标之一，能够反映出企业流动资产与流动负债之间的比例关系。速动比率会考虑到存货的转换能力，能够更准确地反映企业的短期偿债能力。一般而言，流动比率和速动比率较高的企业，其短期偿债能力较强，面对突发事件往往能够更快的应对。

（2）资产负债率与长期负债比率。资产负债率是企业负债总额与资产总额的比值，用于评估企业的长期偿债能力。长期负债比率则可以具体地反映企业长期负债与总资产之间的比例关系。一个企业的资产负债率和长期负债比率适中，就可以说明其能够合理利用债务资金进行经营扩张，同时保持较低的财务风险。比如，华为公司拥有强大的技术实力和稳健的财务策略，使得其在保持较低资产负债率的同时实现快速增长。

3.运营效率指标与比率。运营效率指标和比率主要包括应收账款周转率与存货周转率和总资产周转率与固定资产周转率，被用于评估企业资产和资源的运用效率，对企业优化资源配置、提高经营效率很有帮助。

（1）应收账款周转率与存货周转率。应收账款周转率可以反映企业应收账款的收回速度和流动性水平，高周转率意味着企业应收账款回收快、资金使用效率高。存货周转率则可以反映出企业存货的周转速度和转换能力，高周转率有助于减少库存积压、提高资金使用效率。通过对比不同企业的应收账款周转率和存货周转率水平，我们可以更加准确地评估其资产流动性状况。

（2）总资产周转率与固定资产周转率。总资产周转率是企业销售收入与总资产的比值，用于评估企业整体资源的利用效率。固定资产周转率则更具体地反映了企业固定资产的利用效率。高总资产周转率和固定资产周转率意味着企业能够更好地利用自身资源创造收入和价值。通过对比不同企业的总资产周转率和固定资产周转率水平，我们可以更加准确地评估其资源利用效率和管理水平。

二、量化评估的重要性及局限性

量化评估依托于财务指标与比率，能够为投资者、管理者及利益相关者提供一个清晰、客观的评估框架。然而，任何事物都有两面性，所以量化评估在展现其重要性的同时，也会暴露出一些局限性。

1.量化评估的重要性

量化评估的重要性主要体现在其客观性、可比性和可预测性上。财务指标有营业收入、净利润、资产总额等，以及财务比率如资产负债率、净资产收益率等，这些都可以为企业经营提供准确的数据支持。这些数据和比率是投资者评估公司价值的依据，也是管理者制定经营策略、优化资源配置的重要参考。此外，量化评估还具有一定的预测性，通过对历史数据的分析，我们可以预测公司的未来发展趋势，为投资决策提供重要信息。

案 例

比如，随着市场竞争的加剧，N公司领导者意识到对内部经营状况进行准确评估的重要性，以更好地制定战略、优化资源配置并吸引投资者。因此，N公司决定引入量化评估体系，对其经营状况进行全面、客观的分析。

1.量化评估体系建立

（1）财务指标量化：N公司首先梳理了营业收入、净利润、资产总额等核心财务指标，通过定期收集、整理和分析这些数据，了解公司的盈利能力、资产规模等基本经营情况。

（2）财务比率分析：N公司计算了资产负债率、净资产收益率等财务比率，以评估公司的负债结构、盈利能力及运营效率。这些比率提供了更为深入的经营洞察。

（3）历史数据分析：N公司收集了近五年的财务数据，运用统计分析方法，对公司的历史发展趋势进行了量化评估。这不仅有助于公司了解自身的成长轨迹，还能为未来预测提供数据支持。

2.量化评估的重要性体现

（1）客观性：量化评估基于实际数据和比率，排除了主观因素的干扰，为N公司提供了客观、准确的经营评价。这使得公司在制定决策时能够依据真实情况，避免盲目性和主观臆断。

（2）可比性：通过对不同时间点或同行业公司的财务指标和比率进行比较，N公司能够清晰地看到自身的优势和不足，为优化经营策略提供参考。同时，这也为投资者提供了评估公司价值的客观依据。

（3）可预测性：量化评估的预测性体现在对历史数据的分析上。

> N 公司通过分析过去的财务数据，结合当前的市场环境和行业趋势，能够预测未来的发展趋势和潜在风险。这为公司的战略规划、投资决策提供了有力支持。
>
> 3. 实际应用与效果
>
> 自引入量化评估体系以来，N 公司在经营管理方面取得了显著成效。通过客观、可比的数据分析，公司领导者更加清晰地了解到了公司的经营状况和市场地位，从而制定了更为精准的经营策略和资源配置方案。同时，量化评估也为投资者提供了更为可靠的参考依据，增强了他们对公司的信心和投资意愿。
>
> 此外，N 公司还不断完善和优化量化评估体系，结合公司的实际经营情况和市场需求，逐步将更多的财务指标和比率纳入评估范围，以提供更加全面、深入的经营洞察。这有助于公司在激烈的市场竞争中保持领先地位并实现可持续发展。

2. 量化评估的局限性

然而，尽管量化评估具有诸多优点，但其局限性也不容忽视。首先，量化评估往往过于依赖历史数据，容易忽视市场变化、政策调整等外部因素对公司经营的影响。这些外部因素大多难以量化，但却可能对公司产生重大影响。其次，量化评估还忽略了公司的非财务因素，如企业文化、品牌形象、员工素质等。这些因素虽然难以用数字来衡量，但却会影响企业的长期发展和竞争力。此外，量化评估还可能引发短视行为，导致公司过于追求短期利益，而忽视长期发展。

我们可以举一个例子，以便更好地理解量化评估的局限性。假设有两家同行业的公司，A 公司和 B 公司。A 公司的财务指标和比率均优于 B 公司，但 B 公司却拥有更强的企业文化和品牌形象。在这种情况下，如果仅仅依赖量化评估来评估两家公司的价值，那么很可能会低估 B 公司的价值。因为企业文化和品牌形象等非财务因素，虽然难以用数字来衡量，但却对公司的长期发展和竞争力具有重要影响。

为了克服量化评估的局限性,我们需要将量化评估与非量化评估相结合。在评估公司价值时,既要关注财务指标和比率,也要关注公司的非财务因素。同时,我们还需要关注外部环境的变化,以及这些变化对公司经营的影响。只有这样,我们才能更全面地评估公司的价值,这样制定的策略与决策才更有实践的必要。

第四节　信息解读与应用：指导决策，助力发展

财务报表蕴含着很多重要的信息,如果不能被准确地解读出来,企业其实是没有办法进行合理应用的。财务报表的信息不仅能够直观反映企业的经济状况,还能评估企业的经营成果,在此基础上,企业就可以较为准确的预测未来的发展趋势,从而为投资者提供决策参考,如图9-3所示。

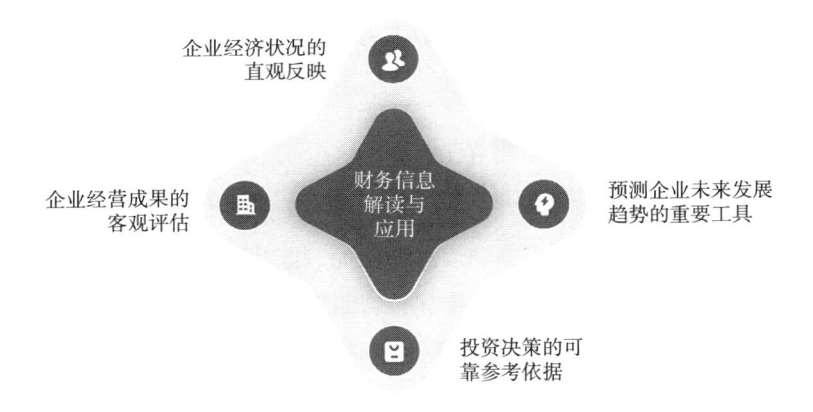

图9-3　财务信息解读与应用

一、企业经济状况的直观反映

财务报表是对企业经营活动的全面记录,包括资产负债表、利润表、现金流量表等。这些报表通过数字和文字的形式,直观地反映出企业的资产、负债、所有者权益、收入、费用、利润等关键信息。通过对这些信息的分析,我

们可以了解企业的经济实力、偿债能力、盈利能力等，从而对企业的整体经济状况作出清晰的认识。

二、企业经营成果的客观评估

财务报表不但可以反映企业的经济状况，还能客观地评估企业的经营成果。比如，通过比较不同年度的财务报表数据，我们可以看到企业的收入、利润等是否实现了增长，从而判断企业的经营状况是否良好。同时，财务报表中的比率指标（如总资产周转率、权益乘数等）也能帮助我们更加深入地了解企业的经营效率和盈利能力。

三、预测企业未来发展趋势的重要工具

财务报表不仅会记录企业过去各项经营活动，还是预测企业未来发展趋势的重要工具。通过对财务报表中的数据进行趋势分析，我们可以预测企业未来的收入、利润等关键指标，从而为企业制定战略规划和经营策略提供关键支持。此外，企业的竞争实况和潜在风险也可以通过财务报表中的财务指标来揭示，这不仅能够帮助企业及时调整经营策略，还可以应对市场变化。

四、投资决策的可靠参考依据

通过对企业的财务报表进行深入分析，投资者基本可以掌握企业的盈利能力、偿债能力、运营效率等关键信息，从而判断出企业的投资价值和潜在风险。此外，利用财务报表中的数据构建投资策略和组合，投资者还可以帮助企业实现资产增值和风险控制的目标。

> 案 例
>
> #### W 公司财务报表解读与应用案例
>
> W 公司在最近一段时间内迎来了快速增长的机遇。为了更好地了解公司的经济状况和经营成果，并为其未来的战略规划和经营决策提供有力支持，公司管理层决定对财务报表进行深入的解读与应用。

第九章 企业财务报表的深入分析与解读

一、财务报表解读

1. 资产负债表分析

（1）资产结构：通过分析资产负债表，发现W公司的流动资产占比较高，特别是存货和应收账款。这反映了公司对销售渠道的依赖和对原材料采购的控制力。

（2）负债结构：公司的短期借款和长期借款占比较大，但整体负债水平在可控范围内。同时，公司还积极利用应付账款等无息负债来降低资金成本。

2. 利润表分析

（1）收入结构：公司的主营业务收入持续增长，其中智能家居产品销售收入占比最高。此外，公司还积极开展研发和技术服务业务，为收入增长提供了新动力。

（2）成本结构：公司的营业成本主要由原材料成本、人工成本和销售费用构成。通过精细化管理，公司成功降低了成本占比，提高了盈利能力。

3. 现金流量表分析

（1）经营活动现金流量：公司的经营活动现金流量净额持续增长，说明公司的盈利能力较强，现金流状况良好。

（2）投资活动现金流量：公司在研发和市场拓展方面投入较大，导致投资活动现金流量为负。但长远来看，这些投入将有助于公司的持续发展。

二、财务报表应用

1. 战略规划

基于财务报表的分析结果，W公司管理层制定了以下战略规划：

（1）市场拓展：加大市场营销力度，扩大销售渠道，提高品牌知名度。

（2）产品升级：持续投入研发，推动智能家居产品的技术创新和升级换代。

(3) 成本控制：加强精细化管理，降低生产成本和运营成本，提高盈利能力。

2. 经营决策

(1) 资金安排：根据现金流量表的分析结果，公司管理层合理安排了短期和长期资金需求，确保了资金链的安全和稳定。

(2) 投资策略：结合公司的战略规划和市场发展趋势，公司管理层制定了相应的投资策略，积极寻求新的增长点。

通过对W公司财务报表的深入解读与应用，公司管理层不仅了解了公司的经济状况和经营成果，还为其未来的战略规划和经营决策提供了有力支持。未来，W公司将继续加强财务管理和财务报表分析工作，为公司的稳健发展提供坚实保障。

总之，财务报表信息的解读与应用对于企业的决策者来说确实重要。通过深入剖析财务报表中的关键信息和数据，我们可以了解企业的经济状况、经营成果和未来发展趋势，从而制定出合理的战略规划和经营决策。当然，对于投资者而言，财务报表是评估企业投资价值和制定投资策略的重要参考依据。

第十章 税务管理与筹划策略的智慧运用

税务管理与筹划策略的智慧运用已成为提升企业竞争力和优化资源配置的重要手段。税务管理不仅关乎企业的合规运营，更与企业的经济效益和市场竞争力紧密相连。通过智慧运用税务管理与筹划策略，企业可以有效降低税务成本，提升资金利用效率，进而实现企业的可持续发展。企业需要明确税务管理的目标及原则，确保税务活动既符合法律法规的要求，又能最大限度地服务于企业的整体战略目标。这要求企业不仅要具备扎实的税务专业知识，还要具备敏锐的市场洞察力和战略思维，以便在复杂的税务环境中作出正确的决策。

第一节 税务管理框架：构建合规高效的税务体系

在进行各项管理的过程中，税务管理是否合理，直接关系到企业能否得以稳定发展。建立一个合规且高效的税务管理框架（如图 10-1 所示），能够帮助企业明确税务工作的方向，精准定位税务工作的重点，从而确保企业在面对复杂多变的税务环境时也能保持竞争优势。

构建合规高效的税务体系

1. 明确税务管理的目标及原则
2. 建立税务管理制度和流程
3. 加强税务人员的培训与管理
4. 不断调整和优化税务管理框架

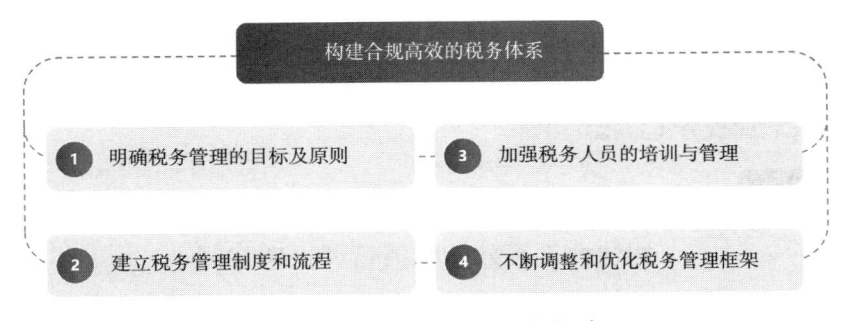

图 10-1 构建合规高效税务体系

一、明确税务管理的目标及原则

税务管理的目标应当与企业整体战略紧密相连，这样才能确保税务工作与企业的发展目标相一致。因此,企业在制定税务管理策略时,就需要充分考虑到企业的行业特点、经营模式和市场环境,使得税务策略既符合法律法规的要求,又能最大限度地降低企业的税务风险,提升企业的经济效益。

二、建立税务管理制度和流程

在明确税务管理目标的基础上,企业需要建立一套完善的税务管理制度和流程。这些制度和流程应详细规定税务工作的各项职责、权限、工作标准和工作程序,保证税务工作的规范性和效率性。同时,企业还需要建立税务风险预警机制,以便及时发现和应对潜在的税务风险,维护企业的税务安全。

三、加强税务人员的培训与管理

为了促进税务工作顺利开展,企业还需要加强税务人员的培训和管理。税务人员是企业税务工作的直接执行者,他们的专业素养和工作能力直接关系到税务工作的质量和效率。因此,企业应加强对税务人员的培训和教育,提高他们的业务能力和法律法规意识,使大家能够熟练掌握税务政策和操作规程,为企业的税务工作作出努力。

四、不断调整和优化税务管理框架

税收法规不断变化、税收监管日益严格,面对此种境遇,企业理应关注税收政策的最新动态,及时调整和优化税务管理框架。我们可以加强与税务机关的沟通与合作,以此了解税收政策的最新变化,进而获取税收优惠政策的信息,促使企业税务工作稳定开展。

> **案 例**
>
> **构建合规高效的税务管理框架案例**
>
> 一、项目背景
>
> 随着国家税收政策的日益完善与税务监管的加强,某大型跨国公司面临着税务管理方面的挑战。由于公司业务遍布全球多个国家,涉及税种繁多,税务处理流程复杂,公司急需构建一个合规、高效的税

务管理框架，以确保税务申报的准确性和及时性，降低税务风险。

二、项目目标

（1）合规性：确保公司税务管理完全符合国内外税收法律法规，避免因违法行为导致的税务风险。

（2）高效性：优化税务处理流程，提高税务申报效率，降低税务管理成本。

（3）风险防控：建立税务风险评估机制，及时发现并应对潜在税务风险。

三、项目实施

（1）建立税务管理团队：组建由税务专家、财务分析师和信息技术人员组成的税务管理团队，负责税务管理框架的构建和运营。

（2）梳理税务处理流程：对公司现有的税务处理流程进行全面梳理，找出存在的瓶颈和问题，为流程优化提供基础数据。

（3）引入先进税务管理软件：引进一套符合公司需求的税务管理软件，实现税务数据的集中管理和自动化处理，提高税务处理效率。

（4）建立税务风险评估机制：根据公司业务特点和行业特点，建立税务风险评估模型，定期对税务风险进行评估和预警。

（5）加强税务培训：针对公司员工进行税务培训，提高员工的税务意识和操作能力，确保税务管理的顺利进行。

四、项目成果

（1）合规性提升：通过税务管理框架的构建，公司税务管理完全符合国内外税收法律法规，有效降低了税务风险。

（2）效率提高：税务处理流程得到优化，税务申报效率提高，税务管理成本降低。

（3）风险防控能力增强：建立了税务风险评估机制，能够及时发现并应对潜在税务风险，确保公司稳健发展。

通过构建合规高效的税务管理框架，该跨国公司成功解决了税务管理方面的挑战，提高了税务管理的合规性和效率。未来，公司将继续完善税务管理框架，加强与其他部门的协同合作，推动公司税务管理水平的持续提升。

第二节　税务筹划思路构建：合理规划，降低税收负担

税收环境总是复杂多变的，如何有效地构建税务筹划思路，实现税收负担的合理规划，已经成为企业在经营管理过程中的一个难题。为了在这方面做好周全的准备工作，我们需要合理掌握税务筹划思路的构建方法，并了解其在企业运营中的重要性，如图10-2所示。

图10-2　税务筹划思路构建

一、如何构建税务筹划思路

> **案例**
>
> 为了降低税负、优化税务结构，A公司决定构建一套全面的税务筹划思路，其税务筹划思路构建过程如下：
>
> 1. 了解税收政策
>
> （1）A公司设立专门的税务研究团队，密切关注国家及地方税收政策的变化，定期收集并整理最新的税收政策动态。
>
> （2）研究团队及时将相关政策信息传达给公司管理层，确保管理

层在制定企业战略时能够充分考虑税务因素。

2.分析企业税务状况

（1）公司财务部门对历史税务数据进行了详细梳理，分析了企业过去几年的税负情况、税收优惠政策的利用程度等。

（2）结合当前业务发展和未来规划，财务部门预测了公司未来的税务趋势，明确了潜在的税务风险点。

3.制定税务筹划策略

基于对税收政策和企业税务状况的分析，A公司制定了以下税务筹划策略：

（1）充分利用国家及地方的税收优惠政策，如研发费用加计扣除、高新技术企业所得税优惠等。

（2）合理规划公司的组织架构和业务流程，以降低整体税负。

（3）优化资金管理和资金运作，减少不必要的资金占用和税务成本。

4.实施与监控

（1）A公司将税务筹划策略纳入企业日常管理体系，确保各项策略得到有效执行。

（2）设立专门的税务管理岗位，负责监控税务筹划策略的实施情况，及时发现并解决问题。

（3）定期评估税务筹划策略的效果，根据评估结果对策略进行调整和优化。

经过一年的实施与监控，A公司取得了以下三个方面显著的实践效果：

第一，公司的税负得到了有效降低，减轻了企业的财务压力。

第二，税务结构得到优化，提高了企业的资金使用效率。

第三，企业的税务风险得到了有效控制，增强了企业的稳定性和竞争力。

上述案例展示了 A 公司如何通过构建全面的税务筹划思路，降低税负、优化税务结构并提升企业的竞争力。税务筹划思路的构建，其实质就是对企业税收活动进行全方位、多角度的规划和设计。具体而言，可以从以下几个方面入手。

1. 了解税收政策

企业应当密切关注国家及地方税收政策的变化，及时掌握税收政策的最新动态，以便在合法合规的前提下，为企业制定更为精准的税务筹划策略。

2. 分析企业税务状况

深入分析企业的历史税务数据、当前税务状况及未来税务趋势等，有助于我们明确税务风险点，为税务筹划思路的构建提供有力的数据支持。

3. 制定税务筹划策略

在了解税收政策和企业税务状况的基础上，企业可以针对自身的特点和需求，制定具体的税务筹划策略。这些策略的内容应该包含合理的税务安排、降低税负的措施及优化税务结构等。

4. 实施与监控

税务筹划策略的制定只是第一步，将策略方针落到实处更重要，同时也需要进行实时监控和调整。此时，企业理应建立健全的税务管理制度，以保证税务筹划策略的有效执行。

二、构建税务筹划思路的重要性

构建税务筹划思路对于企业而言，具有举足轻重的意义。具体表现在以下几个方面。

1. 降低税收负担

通过合理的税务筹划思路构建，企业可以充分利用税收政策的优惠，降低自身的税收负担，从而为企业节省大量的资金，提高经济效益。

2.规避税务风险

通过构建税务筹划思路,我们可以深入了解企业的税务状况,在此基础上就能够及时发现并规避潜在的税务风险,确保后续的稳健运营。

3.提升企业形象

合规的税务管理能够有力体现企业的社会责任感,而构建税务筹划思路对企业实现合规经营有很大助力,可以帮助企业树立良好的企业形象,增强自身的市场竞争力。

4.优化资源配置

企业在构建税务筹划思路时,不仅需要关注税务问题,还应该分析企业的整体运营策略。通过合理的税务筹划安排,企业可以优化资源配置,提高资源利用率。

第三节 具体方法与案例:针对不同税种制定筹划策略

针对不同税种制定筹划策略是企业税务筹划工作的具体实践。企业应根据不同的税种和税收政策,制定相应的筹划策略,以实现降低税负的目标。

以企业所得税为例,企业可以通过合理安排企业的利润和成本,优化企业的财务结构,降低企业所得税的税负。

再以增值税为例,企业可以通过合理安排企业的购销活动,减少增值税的应税销售额,从而降低增值税的税负。

同时,企业还可以结合具体的行业特点和经营情况,制定更具针对性的筹划策略,提高筹划工作的针对性和实效性。

案 例

M公司,作为业界的佼佼者,一直以来都注重研发投入与创新。为了充分释放研发费用的潜力,公司财务部门深入研究了国家税收政策,尤其是与研发相关的加计扣除政策。通过细致的政策解读和内部研讨，公司发现，通过合理筹划研发费用的投入和使用，可以最大化地享受税收优惠政策，减轻税收负担。

在制定研发费用筹划方案时，M公司充分考虑了企业的实际情况和发展战略。他们结合企业的研发项目、人员配置、预算安排等因素，制定了一系列具体、可行的措施。首先，公司优化了研发项目的立项与评审流程，确保每个项目都符合加计扣除政策的要求。其次，公司加强了与税务机关的沟通与协调，及时了解政策动态和变化，确保企业能够第一时间享受到政策红利。

在具体实施过程中，M公司还注重细节管理和风险控制。他们建立了严格的研发费用核算体系，确保每笔支出都符合政策规定。同时，公司还加强了内部审计和财务监管，防止因违规操作而给企业带来不必要的风险。这些措施的实施，不仅确保了研发费用筹划方案的顺利实施，也为企业节约了大量成本。

通过这一系列的筹划和实施，M公司成功享受了研发费用加计扣除政策带来的红利。统计数据显示，公司的企业所得税税负在短短几年内下降了多个百分点，为企业节省了大量的资金。这些资金被公司用于加大研发投入、引进优秀人才、拓展市场份额等方面，为企业的持续发展提供了有力支持。

这一成功案例可以为其他企业提供有益的借鉴和启示，大致可以汇总为三点。

（1）企业应当深入了解税收政策，把握政策动向和变化，为后续的发展制定合理的财务策略。

（2）企业应当注重研发费用的投入与管理，确保每笔支出都符合政策要求，避免不必要的税收风险。

（3）企业应当加强与税务机关的沟通与协调，及时了解政策动态和变化，保证能够充分利用政策红利促进自身发展。

第四节 风险识别与防范：确保税务合规，避免潜在风险

面对持续变化的税务情况，企业需要做的是积极应对挑战，识别并防范潜在的税务风险。下面我们可以详细论述税务合规的重要性，分析税务风险的主要类型，并探讨风险识别的方法与工具，以确保企业稳健运营，如图10-3所示。

图 10-3　风险识别与防范

一、风险识别的重要性

明确税务合规的意义和价值，不仅能帮助企业树立良好的企业形象，还能有效规避税务风险，保障企业的经济利益。同时，风险识别也是税务管理中重要的部分，只有及时发现并应对潜在风险，企业才能有计划地提高自身竞争力。

案 例

随着全球经济一体化的深入发展,税收法规日益复杂,税务合规成了每一家企业都必须面对的重要课题。在这样的背景下,B 公司深知税务合规不仅是企业遵守法律法规的基本要求,更是维护企业信誉和保障持续发展的关键。

1. 税务合规的建设

B 公司从高层管理到基层员工,都高度重视税务合规工作。公司成立了专门的税务合规部门,由经验丰富的税务专家组成,负责全面梳理和解读国内外税收法规,确保企业税务活动合法合规。此外,公司还建立了完善的税务合规培训体系,定期为员工提供税务法规和税务知识的培训,提升全员税务合规意识。

在税务合规的实际操作中,B 公司严格按照税法规定进行纳税申报和税款缴纳,确保税务信息的真实性和准确性。同时,公司还积极与税务机关沟通,及时了解和适应税收政策的调整变化,确保企业在税法框架内合法经营。

2. 风险识别的实施

在税务管理中,B 公司充分认识到风险识别的重要性。公司建立了完善的风险识别机制,通过定期对企业税务活动进行全面检查和评估,及时发现并应对潜在税务风险。此外,公司还引入了先进的税务风险管理信息系统,利用大数据和人工智能技术,对税务数据进行深度分析和挖掘,实现风险预警和精准管理。

在风险应对方面,B 公司注重风险预防和风险管理相结合。一方面,公司通过加强内部控制和合规管理,从根本上减少税务风险的发生;另一方面,公司制定了详细的税务风险应对预案,确保在风险发生时能够迅速采取有效措施进行应对。

通过加强税务合规和风险识别工作,B 公司取得了显著的成效。首先,公司税务活动的合法合规性得到了有效提升,避免了因违反税法规定而遭受的经济损失和声誉损害。其次,公司税务风险管理水平

> 得到了显著提升,有效降低了税务风险对企业的影响和冲击。最后,税务合规和风险识别工作的加强还为企业树立了良好的社会形象,提升了企业的市场竞争力和品牌价值。

分析上述案例,我们可以明确的知晓税务合规和风险识别对企业管理的重要性。只有加强税务合规建设、提升风险识别能力,企业才能直面挑战、克服困难,进而实现行稳致远的高质量发展目标。同时,企业还需要重视内部控制和合规管理,从根本上减少税务风险的发生,维护企业的经济利益和声誉安全。

二、税务风险的主要类型

在相同的税务境遇下,不同企业可能面临相似的税务风险;而在不同的税务境遇下,它们可能遭遇不同的税务风险。就当前形势来看,常见的税务风险类型主要包括法律法规遵从风险、税收政策变动风险、税务策划风险、税务申报与缴纳风险及税务审计与稽查风险等。

1. 法律法规遵从风险

因为税法政策是不断调整的,所以企业必须紧密关注法律法规的变化,避免违法违规操作。其中,法律法规漏洞与歧义可能成为企业发展过程中的潜在风险,因此,我们需要加强内部培训,旨在提高员工对税法政策的认知程度。

2. 税收政策变化风险

税收政策的变化直接影响企业的税务筹划和纳税申报。想要降低税收政策变化带来的风险,我们就需要定期收集并整理相关信息,帮助企业制定相应的税务筹划策略。

3. 税务筹划风险

税务筹划固然是降低企业税负的有效手段,但不当的税务筹划方案也可能给企业带来风险。比如,税务筹划操作失误可能导致企业面临税务稽查和处罚。因此,企业在制定税务筹划方案时,还需要充分考虑法律法规的约束和企业的实际情况。

4. 税务申报与缴纳风险

申报信息不准确、缴纳税款不及时等问题都可能给企业带来税务风险。如果想要降低相关风险，企业就需要建立健全的税务管理制度，保证能够获得准确的申报信息、及时的缴纳税款。

5. 税务审计与稽查风险

税务审计与稽查是税务部门对企业的监管手段。企业应积极应对和配合税务审计和稽查，遵循相关规定和指引，提供真实、完整的资料。若企业应对策略不当或在税务稽查中被发现违规问题，将会面临严重的法律后果。

三、风险识别的方法与工具

很多时候，税务风险往往在不经意间发生。为了及时规避这些税务风险，企业需要妥善应用风险识别的方法和工具。具体而言，定期进行税务风险评估、使用税务风险评估模型和软件工具、设立风险预警机制，以及密切关注税务部门发布的风险提示和指引，都是行之有效的策略。

1. 定期进行税务风险评估

企业应该定期对税务风险进行评估，识别潜在风险点，并制定相应的防范措施。税务风险评估的频率需要根据企业的实际情况和税收政策的变化情况来确定。

2. 使用税务风险评估模型和软件工具

借助专业的税务风险评估模型和软件工具，企业可以更准确地识别税务风险，提高风险识别的效率和准确性。风险评估模型、数据分析工具等都是效果不错的工具。

3. 设立风险预警机制

企业应该设立风险预警机制，可以对潜在税务风险进行实时监控和预警。当发现潜在风险时，企业就可以及时采取措施进行防范和应对。

第十章 税务管理与筹划策略的智慧运用

4.关注税务部门发布的风险提示和指引

税务部门会定期发布风险提示和指引，企业应该密切关注并认真学习相关内容，了解税收政策的最新变化和潜在风险点。通过遵循税务部门的指引和规定，企业才可以降低税务风险的发生概率。

后　记

在我年近半百的时候即将出版我人生的第一本书，这要感谢我的导师张玉，是他在一直鼓励我、推动我，让我将半生深耕财税领域的精湛专业与实战经验凝结成文字，可以说是张玉导师成就了今天的我，让我不向年龄妥协，而是激励我把前半生宝贵的工作经验发表出来，永远保持着经营自己的雄心壮志，不断拓宽自己的生命高度，成就一个不平凡的自己。

如今，我可以问心无愧的为自己而活，因为我有理想、有追求、有掌握自己命运的资本。正如"有一种鸟儿是关不住的，因为它的内心无比广阔"，这是自由的味道。所以我们活着就要心怀理想，理想就是我们勇往直前的资本，无论身处怎样的境遇，也不放弃坚持初心与本色的意志。只要勇敢，只要坚持梦想，就一定能活成一束光，照亮自己，温暖别人。我们要向着希望奔跑。

通过写书，我也更加喜欢自己的职业。我们财务管理者就像能让数字舞动的魔法师，在繁杂的数字海洋中，用精准的账目为企业创造价值；以战略的前瞻性思维引领企业走向辉煌；用合规的武器为企业筑起坚固的安全堡垒；用自己的专业风范让企业稳健前行；我们勤勉尽责，不断创新，让财务管理成为企业发展的利器。我们始终坚信财务管理是企业的生命线，科学的财务规划和管理决策是企业走向成功的关键。

我喜欢财务管理，它是管理领域的一门艺术。我也希望我写的这本书能让广大读者受益。同时也能激励更多的财务工作者将自己隐性的东西显性化，勇敢地把自己的经验、思想、观点写出来，为自己的人生留下一笔宝贵的财富。

读者意见反馈表

亲爱的读者：

感谢您对中国铁道出版社有限公司的支持，您的建议是我们不断改进工作的信息来源，您的需求是我们不断开拓创新的基础。为了更好地服务读者，出版更多的精品图书，希望您能在百忙之中抽出时间填写这份意见反馈表发给我们。随书纸制表格请在填好后剪下寄到：北京市西城区右安门西街8号中国铁道出版社有限公司大众出版中心 杨旭 收（邮编：100054）。此外，读者也可以直接通过电子邮件把意见反馈给我们，E-mail地址是：823401342@qq.com。我们将选出意见中肯的热心读者，赠送本社的其他图书作为奖励。同时，我们将充分考虑您的意见和建议，并尽可能地给您满意的答复。谢谢！

所购书名：＿＿＿＿＿＿＿＿＿＿＿＿＿＿＿＿＿＿＿＿

个人资料：

姓名：＿＿＿＿＿＿＿＿ 性别：＿＿＿＿＿ 年龄：＿＿＿＿＿ 文化程度：＿＿＿＿＿＿＿

职业：＿＿＿＿＿＿＿＿＿＿＿＿ 电话：＿＿＿＿＿＿＿＿＿ E-mail：＿＿＿＿＿＿＿＿＿

通信地址：＿＿＿＿＿＿＿＿＿＿＿＿＿＿＿＿＿＿＿＿＿ 邮编：＿＿＿＿＿＿＿＿

您是如何得知本书的：

□书店宣传 □网络宣传 □展会促销 □出版社图书目录 □老师指定 □杂志、报纸等的介绍 □别人推荐

□其他（请指明）＿＿＿＿＿＿＿＿＿＿＿＿＿＿＿＿＿＿＿＿＿＿＿＿＿＿＿＿＿＿＿

您从何处得到本书的：

□书店 □邮购 □商场、超市等卖场 □图书销售的网站 □培训学校 □其他

影响您购买本书的因素（可多选）：

□内容实用 □价格合理 □装帧设计精美 □带多媒体教学光盘 □优惠促销 □书评广告 □出版社知名度

□作者名气 □工作、生活和学习的需要 □其他

您对本书封面设计的满意程度：

□很满意 □比较满意 □一般 □不满意 □改进建议

您对本书的总体满意程度：

从文字的角度 □很满意 □比较满意 □一般 □不满意

从技术的角度 □很满意 □比较满意 □一般 □不满意

您希望书中图的比例是多少：

□少量的图片辅以大量的文字 □图文比例相当 □大量的图片辅以少量的文字

您希望本书的定价是多少：

本书最令您满意的是：

1.
2.

您在使用本书时遇到哪些困难：

1.
2.

您希望本书在哪些方面进行改进：

1.
2.

您需要购买哪些方面的图书？对我社现有图书有什么好的建议？

您更喜欢阅读哪些类型和层次的书籍（可多选）？

□入门类 □精通类 □综合类 □问答类 □图解类 □查询手册类

您在学习计算机的过程中有什么困难？

您的其他要求：